障害のある子の
支援計画作成事例集

発達を支える障害児支援利用計画と
個別支援計画

日本相談支援専門員協会 編集

中央法規

はじめに

　障害のある子を取り巻く支援や環境については、近年、新たな転換期を迎えています。
　児童福祉法の改正により平成24年度から新しい障害児支援制度へ移行され、平成26年7月には「今後の障害児支援の在り方について」報告書が策定され、今後の障害児支援の在り方を考える重要なポイントが取りまとめられました。その一つとして、「障害児相談支援の推進」が挙げられ、障害児相談支援の役割と拡充についての方向性が示されました。障害のある子や家族に対しては、ライフステージに応じた切れ目のない支援の推進（縦の連携）と関係者間のスムーズな連携の推進（横の連携）が求められ、その縦横の連携において重要な役割を担うのが「障害児相談支援」とされています。
　また、平成27年4月に策定された「放課後等デイサービスガイドライン」においても、「障害児相談支援」とのつながりが重要視され、相談支援専門員が作成する障害児支援利用計画は総合的な援助方針や解決すべき課題を踏まえ、最も適切なサービスの組み合わせ等について検討すること、そして、放課後等デイサービス計画（個別支援計画）は児童発達支援管理責任者が障害児支援利用計画における総合的な援助方針等を踏まえ、各事業所が提供するサービスの適切な支援内容等について検討することとされています。さらに、「両計画が連動して機能することによって、子どもに対する支援がより良いものとなっていく」ことも明記されました。
　本書は、障害のある子の発達を支えるべく両計画の連動も視野にいれながら、当初のアセスメントから情報やニーズの整理、障害児支援利用計画の作成、個別支援会議の概要、個別支援計画の作成、モニタリングの視点といった支援の流れをさまざまな実践事例を通して解説しています。事例の中には、縦の連携、横の連携の内容も含まれており、支援計画を作成する相談支援専門員や児童発達支援管理責任者をはじめ、各事業所の支援員にとっても支援計画に基づいたサービス提供の必要性を理解いただけると思います。
　本書を通して障害児相談支援や支援サービスが充実し、日々成長していく子どもの発達を支えることに寄与できれば幸いです。

2016年1月
菊本　圭一

障害のある子の支援計画作成事例集

はじめに

第1章 障害のある子どもの相談支援 ... 1

- **1** 障害児相談支援とは ... 2
- **2** 障害児支援とは ... 2
- **3** 障害児支援と障害児相談支援との協働をめざして ... 5
- **4** 日常生活を輝かせる障害児支援利用計画と個別支援計画のあり方 ... 8

第2章 事例で学ぶ障害児支援利用計画と個別支援計画の作成 ... 15

- **事例1** 児童発達支援の利用① ... 16
  専門的な発達支援を受けながら、保育園に通いたい親子のケース
- **事例2** 児童発達支援の利用② ... 32
  親子のニーズに大きなズレがあるケース

CONTENTS

事例3　医療型児童発達支援の利用 ……… 48
医療的ケアが必要な肢体不自由児のケース

事例4　放課後等デイサービスの利用① ……… 70
現状の支援を維持しつつ、本人のストレングスを活かしていきたいケース

事例5　放課後等デイサービスの利用② ……… 88
ライフステージの移行期を控え、支援チームとともに生活を構築したケース

事例6　保育所等訪問支援の利用 ……… 104
保育所等訪問支援事業により、家族のニーズを保育に反映させたケース

事例7　福祉型障害児入所施設の利用 ……… 120
本人、家族の希望により施設から退所し、再び家庭で暮らすようになったケース

事例8　医療型障害児入所施設の利用 ……… 136
医療的配慮が必要となり入所となったが、家族との関係を大事にしたいケース

編著者一覧

第2章の「家族構成」図の凡例

□ または ◎ ＝本人

□ ＝男性

○ ＝女性

✕ ＝死亡等

オレンジ色 ＝同居者

黒色 ＝同居以外

破線囲み ＝同居者の範囲

第1章

障害のある子どもの相談支援

1 障害児相談支援とは

「障害児相談支援」は、平成24年の児童福祉法の改正により創設された新しい事業です。障害者の日常生活及び社会生活を総合的に支援するための法律（以下、障害者総合支援法）の「特定相談支援」に相当する相談支援事業で、児童福祉法に規定される「障害児通所支援」（以下、通所支援）を利用するすべての子ども（実際には申請者である保護者）に対して「障害児支援利用計画」を作成します。なお、「通所支援」とは「児童発達支援」「医療型児童発達支援」「放課後等デイサービス」「保育所等訪問支援」をいい、「障害児入所支援」は含まれません。

障害児相談支援は障害福祉への入り口です。保護者は、子どもの発達や将来への不安を抱えながらも子どもの健やかな成長を願い、障害児支援の門をたたきます。相談支援専門員はこのような保護者や子どもの心境に向かい合うファーストコンタクターであり、それゆえ、初めての出会いはとても大切なものになります。例えば、複雑な思いに寄り添うことで保護者は揺れ動きながらも子どもの障害を受容できるようになり、また、小さいころから権利を尊重し子ども主体の計画を作成・実践することで、子どもはありのままの自分を肯定し希望をもって生きていけるようになります。保護者が障害福祉を信頼し、子どもを安心して支援および地域にゆだねられるか否かは、相談支援専門員の丁寧なかかわり、そして思いを形にした支援利用計画づくりにかかっているといっても過言ではありません。

しかし、平成27年度から義務づけられた障害児支援利用計画は、地域差はあるものの全国的にみれば低迷しており、また大人に比べてセルフプランが多いという現状があります。これは、障害児相談支援事業所の絶対数が少ないことに加え、これまで子どもにかかわった経験がないために、子どもの相談支援は難しく手間がかかるという認識（先入観）が広がっているからだと思われます。事実、子ども期特有の複雑さや手間がかかるという側面は多分にあり、だからこそやりがいのある仕事なのですが、それらの不安を解消し障害児相談支援を今後普及させていくためには、まずは障害児支援について正しく理解することが大切です。理解が深まれば、本書の目的である通所支援事業所が作成する個別支援計画と連動することの必要性がみえてくるはずです。

2 障害児支援とは

（1）気になる段階からの早期支援

障害児支援の対象となる「障害児」は、児童福祉法第4条で①身体に障害のある児童、②知的障害のある児童、③精神に障害のある児童（発達障害児を含む）、④障害者総合支援法の対象疾病（難病等）の児童、と定義されています。「身体に障害」「精神に

障害」という独特な言い回しになっているのは、障害者手帳や医学的診断が無くても支援を提供できるよう配慮されているためです（「支援優先主義」）。気になる段階から必要な支援を届けるためには障害児支援の敷居を低くする必要があり、それらのサービスにつなげる障害児相談支援が果たす役割は大きいといえます。そのため、障害児支援の各事業名に「障害」という用語が使用されていないように、障害児相談支援についても「子ども相談支援」としたり、計画を「発達支援利用計画」や「通所支援利用計画」に名称変更するなどの「障害」色を薄くするなどの配慮も大切です。

（2）障害児支援の4つの基本理念

平成24年の児童福祉法改正に当たり開催された「障害児支援の見直しに関する検討会」（平成20年）において、障害児支援の基本理念が示されました。

①将来の自立に向けた発達支援

障害児支援の中核機能は「発達支援」です。「発達支援」とは、子どもに対する「発達支援（狭義）」「家族支援」「地域支援」を含む包括的な概念であり、通所支援の個別支援計画ではこれら3点が必ず盛り込まれます。発達支援（狭義）は、できないことをできるようにする支援ではなく、子どもがもつ力や可能性を引き出し最大限の発達ができるよう、安定した食事や生活習慣、安心できる大人や仲間との人間関係、ワクワク・ドキドキする遊びや活動、ときには休息を提供することです。あくまでも発達の主体は子どもであり、将来の地域生活、自立（自律）を念頭に置き、見通しをもって行われる必要があります。

②家族を含めたトータルな支援

家族は子どもにとって最も身近で安全・安心な環境です。そのため、家族が安定して養育できるよう支援することは、とりもなおさず子どもの発達や自立を促すことにつながります。障害のある子どもの子育てに悩んでいる保護者も多く、特に初期は育児不安を支える視点が大切になります。ときには、レスパイトを目的としたショートステイなどを活用したり、状況によっては児童相談所等と協議して入所支援や里親委託したりすることも求められます。入所に至らなくても地域で見守りを行っている要支援家庭は多く、通所支援事業所と連携しながら社会的養護の視点でかかわっていくことも必要です。

子どもの成長とともに「育ちの場」は家庭から地域社会へと徐々にシフトしていきます。保護者が親としてだけではなく、子どもの発達や自立を応援するチームの一員になれるよう、子どもとの距離感や関係性を変化させていく視点も必要になります。なお、家族支援は保護者以外の家族への支援も含まれており、特にきょうだいに

対しては一人の子どもとして大切にされ、育ちを保障されるよう支援する視点も欠かせません。

③子どものライフステージに応じた一貫した支援

　障害児支援は、0歳から18歳までの幅広い年齢の子どもたちを対象としており、状態像も多彩です。また、子どもにかかわる機関も多様で、それも短期間で移り変わっていくのが特徴です。子どもの安定した成長・発達には機関が移っても支援の一貫性が確保されていることが重要です。そのためには縦横の連携を強化する必要があり、障害児相談支援の果たす役割は大きいといえます。障害児相談支援の創設に合わせ、厚生労働省は文部科学省と連名で教育と福祉の連携推進のための通知を発出しています。この通知を学校と連携を図る際の手形にしている事業所も多いようです。

　相談支援事業所は子どもや家族のライフステージに一貫してかかわる人、機関であり、支援利用計画をともに積み重ねていくことを通して、子どもと家族の育ちに関するライフストーリーを一緒につくりあげていくことになります。ライフストーリーは、子どもや家族の育ちの足跡であり、将来に向けて歩むうえでの原動力になるはずです。

④身近な地域における支援

　これまで障害のある子どもは、特別な配慮や専門性という言葉で地域から離れて支援や教育を受けていました。しかし、障害のある子どもも小さいころから身近な地域で支援を受けられるようにすることは、インクルージョンの理念からも重要です。平成24年の法改正により障害種別で分かれていた通所施設は一元化され、あらゆる障害の子どもを地域の事業所で受け入れることが可能となりました。また通所支援支給決定権が市町村へ一元化されたことで、子ども・子育て支援新制度や障害福祉サービスの利用決定と同一になり、連携した関与が可能となりました。さらに、ふだん過ごしている保育所や学校等に出向き発達支援を行う保育所等訪問支援も創設されました。まだまだ身近な地域に発達支援や放課後支援を行う場は不足しており、地域協議会子ども部会等を活用して整備していくことも必要です。

（3）障害のある子どもの権利を保障した支援

　平成26年に開催された「障害児支援の在り方に関する検討会」では、新たに障害のある子どもの権利保障の観点から、「地域社会への参加・包容（インクルージョン）の推進と合理的配慮」「これらを子育て支援において推進するための後方支援としての専門的役割の発揮」が基本理念に加わり、「地域における『縦横連携』の推進」が確認されました。平成27年4月にスタートした子ども・子育て支援新制度では、相談支援に相当する「利用者支援事業」が創設されており、連携を図っていくことが不可欠です。制度の対象となる子どもの中には当然障害のある子どもも含まれ、障害のある子どもが障害のない子どもと当たり前に暮らせるよう、特別な配慮（合理的配慮）とは何か、補

完できる障害児支援はないかなどを、利用者支援事業所とともに検討していくスタイルが「後方支援」という新しい視点です。

　平成24年の法改正以降、保護者のニーズが顕在化し、放課後等デイサービスを中心に事業所数が爆発的に増加しました。整備が進んだと肯定的にとらえられる一方で、質の低下も懸念されはじめました。これまで障害児支援分野には「保育所保育指針」のような指針がなかったため、国は平成27年4月に「放課後等デイサービスガイドライン」を策定しました。事業者には自己評価とともに公表するよう勧奨しています。支援の質の向上は、子どもの権利保障に直結するものであると同時に、通所支援の「見える化」であり、障害児相談支援を行ううえでの貴重な資料となると思われます。

③ 障害児支援と障害児相談支援との協働をめざして

　ここでは、障害児支援に特有な視点にふれながら、障害児相談支援の在り方について提案します。

(1) 障害児である前に一人の子どもとして

　児童の権利に関する条約（子どもの権利条約）は、障害のあるなしに関係なくすべての子どもの権利について定め、①生きる権利、②育つ権利、③守られる権利、④参加する権利、を4つの柱としています。障害児支援利用計画作成時あるいは個別支援計画との連動の際には、これらの権利が最善の利益の観点で守られ、達成されるよう常に念頭に置いておく必要があります。あくまでも権利の主体は子どもであり、小さいころから一人の子どもとして大切に育ちを保障していくことが、「ともに育つ」「ともに学ぶ」「ともに生きる」の実現につながります。

(2) 障害児相談支援と子どもの特定相談支援は一体的に

　障害のある子どもの支援は、成長・発達の側面と日常生活・社会生活の側面の両方から行われます。前者は児童福祉法に規定する通所支援であり、後者は障害者総合支援法に規定する障害福祉サービスです。法律の規定上、通所支援は障害児相談支援で、障害福祉サービスは特定相談支援で対応するよう整理されています。なお、通所支援と同時に障害福祉サービスを利用する場合は障害児相談支援を優先することになっています。しかし、子どもにとって発達と生活は切り離して考えることはできません。言うまでもありませんが、障害児相談支援は成長・発達の側面だけに偏ることなく、生活面さらには医療・保健・教育など包括的な視点に立って展開する必要があります。特定相談支援も同様に発達の視点をもつべきであり、障害児相談支援と特定相談支援は一体のものととらえるべきでしょう。

(3) 障害児相談支援こそ基本相談を大切に

　障害児相談支援には、特定相談支援に規定されている「基本相談」がありません。子どもの支援の視点からみた「基本相談」とは、①発達が気になるという相談（発達相談）から支援の利用へつなげる入り口の相談支援、②支援を利用する過程で生ずるさまざまなニーズ（例えば、支援内容に対する要望や新たな福祉制度の利用希望、不安や葛藤などの心理相談など）に対応するきめ細やかな不断の相談支援、③関係機関との連絡・調整、④ライフステージ移行時のつなぎの相談支援、のことであり、どれも子ども期にはとても大切な相談といえます。

　では、現在、子どもの基本相談はどこが担っているのでしょうか。実は通所支援事業所の指定基準の中に児童発達支援管理責任者の責務として「相談・援助」が明記されています。これはサービス管理責任者の規定にはないものです。事実、通所支援事業所は、発達相談や療育に関する入り口相談や当該通所事業所の利用相談（アセスメントも含む）、通所中の保護者や子どもが日々悩むさまざまな相談に応じていることは否定できません。国は児童発達支援センターに対して、地域支援の一つとして「障害児相談支援」を実施するよう推進していますが、これは上記の理由からです。しかし、公平性・中立性が確保できない、閉鎖性などの課題もあり、外部の障害児相談支援事業所の活躍も期待されます。外部相談支援事業所では担いにくい基本相談部分についてはある程度、通所支援事業所の児童発達支援管理責任者に任せながらも緊密な連携を図り補完し合うことが大切です。また、入り口の相談については、保護者や子ども本人が相談しやすい事業所づくりのほか、乳幼児健診や子育て支援センター等とのコラボレーションを図るなどの工夫も必要でしょう。

(4) 保護者のニーズを大切にしながらも、計画の主人公は子どもに

　障害児支援の申請者は保護者であり、保護者のニーズから相談支援はスタートします。子どもは自らの言葉でニーズを語ることが難しく、保護者のニーズと子どものニーズが異なることも少なくありません。そのため保護者の発する言葉（ニーズ）のみが掲載された障害児支援利用計画になりがちです。しかし、保護者の究極の願いは子どもの健やかな成長であり、保護者の願いをかなえるためにも、相談支援専門員は、保護者や関係者とともに子どもを主人公（主語）にして発達や生活のニーズをとらえ直していく作業が重要になります。

　例えば、保護者のニーズは、自身の就労のために子どもを放課後等デイサービスに預けたいというものであっても、子どもの興味・関心、強みに焦点を当て、放課後等デイサービス事業所には活き活き輝く主体的な活動を組んでもらえるよう、子どもの言葉でニーズを表現していきます。今の発達状況ならどのような遊びや活動を構成すると「できた」という達成感につながるのか、同年代の子どもならどのような経験をしているの

だろうかと思いを巡らせることが大切であり、これがまさに発達支援の視点です。

　どんなに障害の程度が重くても、すべての子どもは伸びゆく育ちの力をもっています。しかし、相談支援事業所が子どもの発達ニーズを把握することは、通所支援の内容（個別支援計画）とのマッチングも求められることから容易ではありません。療育機関を併設する障害児相談支援であれば可能ですが、多くの相談支援事業所では難しいでしょう。発達について学ぶことは必須ですが、自前ですべてをやるのではなく、通所支援事業所に発達ニーズの把握を依頼し、相談支援と同時並行的に進めるほうが現実的でしょう。連携・協働で進めるのが障害児相談支援のスタイルです。

　言うまでもありませんが、支援利用計画の作成にあたっては子どもと一緒に考えていくことが大切です。発語のない子どもの場合であっても、可能な限り行動や表情から読み取りながら、ともにつくりあげる姿勢が求められます。自分の思いが形になっていくと子どもは自分の思いに気づき、大切にされているという実感を得ることができます。計画は意見表明権の保障であり、将来の意思決定支援に通ずる強力なツールとなるはずです。

（5）障害児相談支援も「発達支援」「家族支援」「地域支援」の視点で

　「発達支援」とは、先述のように「発達支援（狭義）」「家族支援」「地域支援」の3領域を包含した概念です。できないことをできるようにすることではなく、一人の子どもとして、社会の一員として地域で暮らしていくための育ちの支援であり、家族および地域生活を強く意識した総合的な支援です。第2章の事例で示されていますが、個別支援計画ではこれら3領域別に支援内容が整理され記載されることになっています。したがって、障害児支援利用計画においても、発達支援の3領域を踏まえておくことがポイントになります。そうすることで、通所支援で作成される個別支援計画との整合性が図られ、役割分担もしやすくなるはずです。互いの計画レベルにおいて共通性をもたせることで、本当の意味での相互理解および協働となるでしょう。

　通所支援においては発達支援（狭義）が重視されますが、障害児相談支援では子どもを中心とした家族との関係、地域との結びつきがより重視されます。子ども期は多様な機関がかかわり、短期間で移り変わりますので、円滑に支援や情報が引き継がれるよう「移行支援」を行います。また、子どもが将来も地域で生活できるよう、子どものうちから地域の人、場所、活動とつなぎます。なお、地域の人には、その人の強みでかかわってもらうことにこそ意味があります。

（6）障害児相談支援対象外の入所支援も視野に入れて

　障害児入所支援は現在、都道府県等の児童相談所が利用または措置の決定をしています。これは、社会的養護施策との整合性を

図るためで、虐待等により家庭での養育が望ましくない要保護児童を見極め、適切な養育環境を提供する責務があるからです。実は、社会的養護施設にも高い確率で障害や疾病のある子どもが存在することがわかっており、社会的養護から障害福祉分野につながるケースも少なくありません。

　一方、平成24年の児童福祉法改正により、障害児入所施設の在所期間延長規定が見直され、最長20歳まで、それ以降は障害者総合支援法での対応となりました。しかし、施設に入所すると、子どもの住民票は施設所在地に移されることが多いため、出身市町村は障害者総合支援法での対応が必要になってはじめてかかわることが少なくありません。いわゆる「見えない子ども」問題です。入所時点から、入所施設および児童相談所、出身市町村行政、特定相談支援事業所等と連携を図りながら、18歳に到達する前から大人になったときにどこで誰と暮らすかについて、協議・調整しておく必要があります。地域自立支援協議会や要保護児童対策地域協議会（社会的養護のネットワーク）の場でもこの問題について十分検討し、社会資源の整備計画にも反映させていくことが望まれます。

　子ども期の相談支援は始まったばかりです。相談支援を通して権利保障され育った子どもたちが、将来どのような大人になっているか、今からとても楽しみです。子どもの未来にかかわれる楽しさと責任の重大さを感じながら、障害児相談支援を実践していきましょう。

④ 日常生活を輝かせる障害児支援利用計画と個別支援計画のあり方

　児童・幼児期において個別性を尊重した日常生活支援には、教育機関や医療機関などにおける支援計画との連動性がとても重要になることは、本章でもふれられています。
　そこで、本項では、子どももいつかは成長し、成人を迎えることを想定し、ライフステージの変化や子どもの将来にわたる関係者の連携・連動性に着目し、障害児支援利用計画と個別支援計画について考えていきます。

（1）ケアマネジメント体制の構築・強化

　平成27年度より、障害児支援利用計画（サービス等利用計画）が必須となりました。これまでは福祉サービスの利用を開始しようとすると、利用者自身が直接サービス提供機関に利用の申し込みを行っていました。障害のある子どもを抱えた家族にとって、安心して相談できる相手がいないと、大変なご苦労があったことと思われます。
　しかしこれからは、相談支援専門員がその相談やサービスの仲介を行うことが当たり前になりつつあります。この制度改正は、福祉サービス提供における根拠（ニーズ）をはっきりと示し、そのサービス効果を明らかにすることで、障がいのある方の生活の質

の向上をめざしています。具体的には、ケアマネジメント体制の構築・強化を図り、利用者（子どもや親）のニーズに基づいたサービス提供を行うことといえます。

そこで現場では、できるだけさまざまなニーズに応えるべく、一担当者や一事業所で抱え込まないことが求められます。一担当者や一事業所の限界を知り、関係者が計画書を通じて連携方法やお互いの責任を確認しながら、利用者ニーズに基づいた質の高いサービス提供を行うことが必要です。

では、どのような場合に連携が必要不可欠になるでしょうか。さまざまなことが想定されますが、以下のようにまとめてみました。

- 利用者ニーズが常に変化し、新たなニーズへの対応ができない場合
- 個別支援計画に「実現できなかったニーズ」や「反映できなかったニーズ」がある場合
- 事業所としてのかかわりが部分的で、生活の全体像が見えない場合
- 複数のサービスやさまざまな機関（事業所）を使い分けて生活している利用者の場合
- 速さが大切なニーズと時間をかけて結果を導きだすニーズを混同している場合
- 複合的なニーズを有し、サービスが有効かつ効果的に使われていない場合
- 意思疎通やニーズ表出が難しく、ベストインタレスト（最善の利益を生み出す決定）を追求しにくい場合
- 専門的なアセスメントが必要な場合（医療・保健・教育など）

いずれの場面も一担当者や一事業所だけで抱え込むのではなく、地域の社会資源を知り、使い、改善し、広げるような視点をもって連携することで、子どもの成長や日常生活に輝きが増していくことが期待されます。

(2) 他職種協働により、アセスメントの精度を高める

利用者（子どもや親）からの情報はとても重要で、生活場面すべてを共にしているわけではない支援者にとっては、非常に有益な情報を得ることができます。現在の置かれている生活環境から過去の経験、介助のコツや家族の思いなど、支援のヒントになることをたくさん聞き取ることになります。ですが「木を見て森を見ず」という言葉があるように、近しい人からだけの聞き取りだけではアセスメントの精度は高まりませんし、不十分です。人の生活を多面的にとらえ、客観的な事実に基づいてアセスメントの精度を高めるには、支援会議やモニタリングのための会議などの場を利用しながら、繰り返し情報を得ていくことになります。アセスメントの意識をもち続け、回数を重ね、他職種協働によるいろいろなものさしで子どもをとらえることがとても重要になります。

人は価値観や視点の違いにより、同じものを見ていても、見えていないときがあります。思い込みが強かったり、パニックやマイナスの行動を繰り返す子どもに対しては、ヒューマンエラーも起こしやすくなります。人は「客観的な事実」からだけでなく、そ

こからある結論にたどりつくために推論したり、経験から足りない部分を無意識に補ったりしています。人の大切な人生を支援する仕事に就いているのですから、間違った思い込みで支援を進められたらたまったものではありません。そこで、個別の支援会議やモニタリングのための会議などを利用しながら、思い込みを低減し、他職種協働で精度の高いアセスメントによる支援計画を立てることが求められます。

　一方、サービス提供を行っている児童発達支援管理責任者は、これまでの業務を見直し、業務の無駄や行わないことも見つけながら、支援会議等の開催、個別支援計画の作成、モニタリング、エバリュエーション（評価）等を定期的に行う体制をつくることになります。利用者の抱え込みや過剰な支援がないかなど、業務の検証が行える体制（チームアプローチの強化と権利擁護）も必要です。サービス向上を絵に描いた餅にしないために、重要な体制・システムづくりをすることは、支援者の専門性の向上、人材育成にもつながるはずです。

　次に、サービス利用開始時から利用者（子どもや親）ニーズは常に変化することを意識しましょう。サービスを洋服にたとえれば、最初（サービス提供開始時）に着ていた洋服（サービス）も、本人の成長や周りの環境に変化が生じ、季節感のズレ、サイズの合わない洋服（サービス）になっている場合があります。成人に比べ子どもの成長は非常に早く、さらに感性を上げて、より注意深く観察することになります。学校等の長期休暇中の変化には、特に注意が必要といわれています。

　さらに、変化がない・満足度が上がらない場合には、原因を利用者（子どもや親）だけに求めず、ケアマネジメントプロセスに沿って、原因を探っていくことがとても重要です。具体的には事例共有や検討を定期的に実施することで、アセスメントの不備やニーズのとらえ方の違いなど、一人では気づかないことに気づかされます。そのような会議の場は、モニタリングを通じたチームアプローチの強化であり、サービス提供や計画の内容を変更する勇気をもつことにもつながります。

　一度、苦労して立てた計画を変更することは、勇気が必要になりますが、本人中心の支援にはマイナスではありません。サービス提供や計画の内容を変更することは、自分たちの提供しているサービスや支援を否定することではなく、利用者を中心とした支援には必要不可欠なものと考えるべきでしょう。福祉サービスや計画がニーズに合わせて常に変化することで、かけ声だけではない「寄り添い型」の支援を実現することにつながっていくものと信じています。

（3）障害児支援利用計画（サービス等利用計画）と個別支援計画は連携ツール

　建築業界において「設計図」とは、設計者が施主や公的機関に提出するために作成する図面で、部屋の広さや高さ、仕上げ、形状がわかる図面です。

　「施工図」は、設計図を元にして、壁の厚さ、芯の振分け、天板の巾、材料の厚さ、高さなど、実際の現場を管理する人が必要な寸法を決定しながら作成する図面です。

この図面を元に、各職種が材料の手配、加工などを行います。一つの家を作り上げるには、複数の職種の仕事がうまく調和していなければなりません。大工さん、建具屋さん、設備屋さん、電気屋さん等、複数に及びます。それぞれが自分の仕事以外の寸法や形状を理解しなければ、自分の仕事が納まらなくなってしまったり、せっかくの手配品を作り直すことになったりするのです。

　上記の「設計図」を「障害児支援利用計画（サービス等利用計画）」に、「施工図」を「個別支援計画」に置き換えると、「障害児支援利用計画」と「個別支援計画」の関係性が理解しやすくなります。「障害児支援利用計画（サービス等利用計画）」が義務づけられていない時期には、関係者の「経験値」や専門職としての長年の「勘」で支援が行われていた部分もあります。これからは、「エビデンス・ベース・プラクティス」（EBP）、つまり、エビデンス（根拠）をベースにした実践を心がけるべきでしょう。

　よって、障害児支援利用計画作成時には、子どもの言葉を適切に活用しながら障害児支援利用計画（サービス等利用計画）は作成され、その言葉を受けて（再度利用して）個別支援計画が作成されるべきでしょう。利用者にとってみれば、支援者に言い換えられた言葉や表現ではなく、自分の発した言葉や表現に基づいて書かれた計画書は理解しやすく、自分自身（利用者や家族）が受け止められている安心感にもつながるはずです。

（4）計画の視点や質的変化を意識する（モニタリングの重要性）

　最初からすべてを網羅し、完璧な計画書をつくろうとしている人が多くみられます。しかし、「はじめまして」とかかわりを開始してから、自治体へ計画書を提出するまでの短い期間で、いったいどれだけ正確で質の高い計画が作成できるでしょうか。計画作成の研修会においては、スモールステップで少しずつ積み上げていくイメージをもち、成功体験や役割を意識することが重要だと常々いわれてきました。そこで、自分のことに置き換えて考えてみましょう。

　もしあなたが生活を変えたり、なんらかの努力をして現状を変化させようという気持ちになったときに、信用している人（専門職）とはいえ、一度にいくつもの課題やルールを他人から求められたら、どんな気持ちになるでしょうか。期待に応えたい気持ちと、一度にはすべてを行えない気持ちとの狭間に落ち、苦しむことにはならないでしょうか。多くの人は一度にすべてを求められて、そのすべてに応えられる器用で強い人ばかりではないはずです。できれば、1つや2つ程度に絞り込み、自分のペースで納得しながら進めていきたいものです。計画書に詰め込むだけ、また、サービスにつなげるだけではなく、一緒に考える姿勢が必要となります。また、つなげてもうまくいかない場合には、相談支援専門員や児童発達支援管理責任者、医療・教育関係者などの関係者が一緒に考えることで、新たな解決方法やつなぎ先（連携先）を得たり、気づきが生まれます。さらに子どもに対しても、自分の新たな可能性を見つける機会が多くなります。

質の高いサービスとは何か、サービスの質の向上に終わりはなく、常に変化、向上させていくということがとても重要です。マンネリやパターナリズムの打破は一度の検証では完結せず、繰り返すことが重要です。提供しているサービスを定期的に検証することができる体制（業務に位置づけ）をつくり、一人に頼らず、チームアプローチの強化と徹底を意識していくことが求められています。

（5）専門性とチーム力を高めるための会議の活用と地域づくり（連携の意味を考える）

　児童発達支援管理責任者等の関係者が熱心に支援に取り組むほど、無意識に内に偏った、閉ざされた、囲い込みの支援となる傾向があります。そこで、「岡目八目」という囲碁から出た言葉で考え直してみます。

　「岡目八目」は、他人の囲碁を横から見ていると、対局者よりも冷静でいられるために、八目置かせるくらい有利というところから転じて、傍観者（第三者）のほうが当事者よりも物事の是非を的確に判断できるという意味です。

　ですので、サービス担当者会議の司会進行役は関係当事者ではないほうが効果的で、今後、この役割を相談支援専門員が中心に担うことが想定されます。相談支援専門員は、当事者からみれば自分のための支援者の一人であり、児童発達支援管理責任者にとっては支援のパートナーとなります。日頃の支援から少し距離をおく協力者の意見や見方は、ときに本質を鋭く見抜くことに役立つことがあります。

　例えば、利用者（子どもや親）の自己を否定するような行動が目立ち、関係者は疲弊してくると、マイナス部分だけに焦点を当てた議論をしてしまいがちです。ともすると直接の支援員から、虐待の芽となる可能性が高まります。そのようなときには、日常の関係者だけではない環境で会議やスーパービジョンを行うことにより、冷静な処遇や支援方針が考えられ、支援が好転することがしばしばあります。

　具体的には、（自立支援）協議会・サービス担当者会議・事例検討会等、さまざまな会議場面で、横のつながりをもち、現状を振り返ることで、支援内容の客観的な評価・可視化につながるものと考えられます。利用者（子どもや親）を小さなフレームで抱え込まず、地域全体で子どもの成長をみていくという（自立支援）協議会の理念にもつながります。

　一方、事業所単位の人材育成の観点からも、そのような連携・検証の場に中堅職員等の育成対象職員を出席させることで、人材育成が促進されます。福祉関係者以外との意見交換は、広い知識の習得と日々の実践を無意識に振り返ることになります。人材育成には時間や経費もかかるものといわれていますが、内向きにならず地域の責任において計画的に取り組みたいものです。

　全国各地に（自立支援）協議会が設置され約7年が経過しました。この間、絶え間な

い努力を関係者と行い、地域の力をつけてきた自治体と、なんとなく過ごしてしまった自治体との差は大きく開いてしまったといわれています。出遅れた自治体はもう一度原点に立ち返り、相談支援を有効に活用しながら、声なき声に耳を傾け地域全体で考えるような体制を再構築したいものです。個別支援会議と（自立支援）協議会の充実が意識的に図られることで、地域は力をつけ、成長した子どもたちの日常生活を輝かせる地域づくりにつなげていきたいものです。

第2章

事例で学ぶ障害児支援利用計画と
個別支援計画の作成

事例1　児童発達支援の利用①

専門的な発達支援を受けながら、保育園に通いたい親子のケース

① プロフィール（生活歴・病歴等）

氏名：日向カズ（男児）
年齢：5歳2か月
障害等：発達障害（自閉症スペクトラム（ASD）・注意欠陥多動性障害（ADHD））
家族構成：母、弟と3人暮らし。近隣に祖父母在住、協力的。

●家族構成

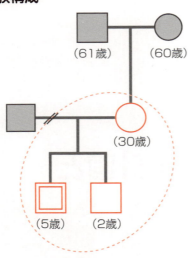

●社会関係図

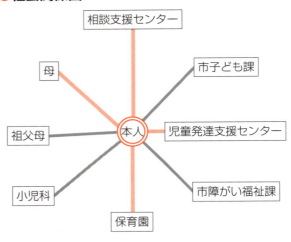

生活歴・病歴等：

　平成〇年〇月3000ｇで正常出産。母親は育児休暇を取り、1年間育児に専念。その後、復職し、本児は保育園に入園。1歳半健診では異常を指摘されなかった。3歳児となり多動で行動が激しく、3歳児健診で「発達が気になる」と指摘され、発達専門の小児科医を紹介され受診。発達障害（自閉症スペクトラム（ASD）・注意欠陥多動性障害（ADHD））と診断される。しばらく誰にも相談できず悶々とした日々を過ごしていた。その後、知人の紹介で相談支援センターに相談し、支援が始まる。

　平成〇年（本児3歳時）に離婚。近隣に祖父母が住んでいて協力的である。

❷ 初回面接時の印象や感想

母親から「子育てに自信がない」との電話を受ける。ⓐ電話内容から母親の不安な様子がうかがわれたため、家庭訪問（面接）で詳しい話を聴くことになる。3歳児健診で「発達が気になる」との指摘を受け、個別の発達相談を経て、発達専門の小児科医を紹介され受診。発達障害（自閉症スペクトラム（ASD）・注意欠陥多動性障害（ADHD））と診断され、専門的な発達支援の必要性から、児童発達支援センターの利用を勧められた。診断名を聞き、ショックで医師の説明もほとんど覚えていないとのこと。

混乱と不安の中、誰にもどこにも相談することなく、しばらく悶々と悩み過ごす日々。知人に相談したところ、相談支援センターを紹介され、思いきって電話をした。相談支援専門員が家庭を訪問してみると、カズ君は落ち着きがなく、家の中で飛び跳ねていた。「道路に飛び出すし、買い物のときも手を離すと居なくなり、目が離せない」等の家庭や保育園での様子など、子育ての不安や悩みが訴えられた。

障害理解と受容ができない中、「なぜカズは、こうなんだろう？」と困惑している状況だった。「発達に特性があっても今までどおり保育園を利用したい」との母親の願いに寄り添い、子育ての不安を解消し、楽しい保育園・家庭生活が送れるよう、発達支援と家族支援を一体的に行っていく必要性を感じた。いつでも気軽に子育ての相談ができる環境も必要だった。また、「学校で、みんなと一緒に、いすに座っていられるだろうか？」との不安の声も聞かれ、就学を見通した「つなぎの支援」も視野に入れた「縦横連携」によるチーム支援の必要性も感じた。

③ アセスメント（基本情報と課題分析）

基本情報に関する項目（大項目）	中項目	記入欄
1．基本情報		氏名・生年月日・連絡先等（1．プロフィールを参照）
2．生活の状況	生活歴	平成○年○月3000ｇで正常出産。母親は育児休暇を取り1年間育児に専念した。その後、復職し、本児は○○保育園に入園。平成○年（本児3歳時）に離婚。1歳半健診では異常を指摘されなかった。3歳児健診で発達が気になると指摘される。発達相談で小児科を受診し、発達障害（ASD・ADHD）と診断される。医師から、児童発達支援センター利用を勧められる。その後、○○相談支援センターに相談し、支援が始まる。「障害児等療育支援事業」利用中。
	家族状況	母・本人・弟の3人家族。近所に祖父母が住んでいて協力的。
	経済状況	母親の収入と養育費で経済的には安定している。
	居住環境	借家（アパート）
	その他	母子家庭で、仕事と育児の両立のため、精一杯の生活を送っている。
3．医療の状況	病歴・障害歴	発達障害（自閉症スペクトラム（ASD）・注意欠陥多動性障害（ADHD））
	医療機関利用状況	発達相談で小児科受診。その後は利用していない。
	医療保険	健康保険
	その他	―
4．福祉サービスの利用状況		○○保育園　障害児等療育支援事業
5．健康状態	服薬管理	特になし
	食事管理	特になし
	障害・病気の留意点	特になし
	その他	―

基本情報に関する項目（大項目）	中項目	記 入 欄
6. 日常生活に関する状況	ADL	自立
	移動等	自立
	食事等	箸がうまく使えないため、手づかみで食べることがある。
	排泄等	自立
	得意・好きなこと等	❺活発。体を使って遊ぶことが好き。ブロック遊び・ダンスが好き。お手伝いが大好き。大好きなＡ先生がいる。
	その他	多動でいつも動き回っている。数字や時計にこだわる。
7. コミュニケーション能力		よくおしゃべりするが、興味や関心のあることを一方的に話すことが多い。視線が合いにくい。友達とうまくかかわりがもてない。遊びや生活のルールが理解しにくい。集団での遊びでトラブルになることが多い。行動が衝動的で、激しい。手先に不器用さがみられる。目的がない多動がみられる。
8. 社会参加や社会生活技能の状況		母親は子育てに熱心。地域のボランティア団体が行っている絵本の読み聞かせ会に参加。子育て教室へも参加している。
9. 教育・就労に関する状況		❶母親は、「学校で、みんなと一緒に座って授業を受けられるだろうか？」と心配している。
10. 家族支援に関する状況		仕事と育児に追われる毎日。「たまにはゆっくり休みたい」と思っている。近所に祖父母が住んでいて協力的。祖父母が、保育園の送迎の協力や買い物のとき、手伝ってくれる。
11. 本人の要望・希望する暮らし		―
12. 家族の要望・希望する暮らし		お友達とのかかわり方を身に付けてほしい（母）。落ち着きのなさと激しい行動がおさまってほしい（母）。たまにはゆっくり休みたい（母）。
13. その他の留意点		―

④ 相談支援専門員の判断（見立て・支援の方向性）

母親の了解のもと、3歳児健診を担当した市の子ども課の保健師と通園している保育園の保育士から、健診時の状況と発達について気になる点を伺った。基本的な情報を収集したうえで、カズ君への丁寧な発達支援と家族支援を組み合わせた支援方向を確認。障害受容ができていない中でも使える制度である「障害児等療育支援事業」を活用し、「訪問療育」による自宅への発達・家族支援と「施設支援」による保育園への保育士支援を組み合わせて実施することとなった。

「障害児等療育支援事業」を活用し、地域の専門スタッフによる定期的・継続的な相談支援の実施により、母親の子育てに対する不安が軽減された。母親は、さらにカズ君の発達に合った支援の必要性を感じ、専門機関である「児童発達支援センターの利用も考えたい」と積極的な発言も聞かれるようになった。母親の希望にもとづき、児童発達支援センターを見学。一人ひとりの発達に合わせたきめ細やかな個別支援や利用している保護者の話を聴き、児童発達支援センター利用を希望されたため、保育園と児童発達支援センターの利用に向けての調整を行った。保育園を利用しつつ児童発達支援センターに併行通園する内容で、母親とともに、市の障害福祉課に申請することとなった。

気づきからの丁寧な基本相談を続けた結果、「子ども支援計画」にもとづく新たなステージの始まりとなった。

⑤ 情報の整理と追加情報が必要な根拠（ニーズ整理）

●発達評価の結果から

最新の発達状況を把握するため、「障害児等療育支援事業」スタッフの臨床心理士、保育園の担当保育士から、発達チェックにもとづく評価の情報を得る。手の動き（微細運動）と対人関係（社会性）に課題があることが明らかになった。

●日常の保育から

【見立て】
　①課題が明確になると集中する
　②言語＜動作　（視覚優位）
　③遊びの工夫や想像力がある
　④職員の手伝いが大好き

⑤リーダー性がある

【現在保育園で行っている手立て】
①指示は一つずつ
②視覚的情報の提示による支援
③課題の明確さと見通しをもたせる保育
④ストレングスの発見
⑤異年齢集団の活用（役割をもたせる）
⑥ほめる支援

⑥ ニーズの絞り込み・焦点化

　「障害児等療育支援事業」を利用しながらの日常的な保育を通して、少しずつ落ち着き、母親の子育て不安も軽減されてきた。この間の発達評価と特性理解のうえで実施してきた保育内容の評価にもとづき、児童発達支援センターでの専門的な発達支援を保育園での日常的な保育の中にどう活かし、効果的に連携していくかということと、ⓐ母親の「学校でいすに座って、みんなと一緒に授業を受けることができるか心配」という就学への不安をどう解決するかという点から、就学を見通した教育委員会との連携による新たな発達支援の二つの方向性がみえてきた。

❶児童発達支援センターの併行通園と保育所等訪問支援による専門的な発達支援と後方支援の必要性
❷教育委員会との連携による就学支援の必要性

障害児支援利用計画・週間計画表

障害児支援利用計画

利用者氏名（児童氏名）	日向カズ　君	障害支援区分	
障害福祉サービス受給者証番号	○○○○○○○○○○	利用者負担上限額	
地域相談支援受給者証番号		通所受給者証番号	

計画作成日	○年○月○日	モニタリング期間（開始年月）
利用者及びその家族の生活に対する意向（希望する生活）	今は、お友達とのコミュニケーションをとるのが苦手で、トラブルがしい行動や落ち着いた行動を身につけてほしい（母）。 ⓐ子育ての不安を解消し、楽しい家庭・地域生活を送りたい	
総合的な援助の方針	カズ君の発達の特性にあった支援を受けることにより、母の子育て	
長期目標	カズ君の発達の特性にあった支援を受け、将来の見通しをもち、	
短期目標	発達の特性にあった専門支援を受けることにより、コミュニケーショ	

優先順位	解決すべき課題（本人のニーズ）	支援目標	達成時期	福祉サー 種類・内容・量（頻度・時間）
1	ⓑお友達とうまく遊んだり、優しい行動を身につけたい（本人・母）	コミュニケーションをうまくとれるようになる。そのために専門的な発達支援を受ける。	20××年10月	保育園に加え児童発達支援センター併行通園（週2回） 保育所等訪問支援事業（月1回）
	子育ての不安を解消したい（母）	子育ての仕方や対応の仕方を身につける。	20××年7月	子育て教室　（月1回）
2	子育ての仲間がほしい（母）	子育て支援サークルに参加して仲間を見つける。	20××年7月	子育て支援サークル（月1回） 絵本の読み聞かせ会（毎月第3日曜日）
	就学に向けて準備したい（母）	学校についての情報や社会資源を知る。	20××年7月	相談支援専門員と特別支援教育コーディネーターを中心に情報を得る（随時）

	相談支援事業者名	○○相談支援センター
○○○円	計画作成担当者	○○○○
○○○○○○○○○		
毎月（○年○月～○月）	利用者同意署名欄	日向○○

多くて困っているけれど、お友達とのかかわり方を身につけて、楽しい保育園生活を送ってほしい。やさ（母）。

の不安を解消し、楽しい保育園生活や家庭・地域生活が送れるようになろう。

母親の子育て不安を解消し、楽しい保育園生活や家庭・地域生活が送れるようになろう（1年）。

ンがうまくとれるようになり、楽しい保育園生活や家庭・地域生活が送れるようになろう（6か月）。

ビス等 提供事業者名 （担当者名・電話）	課題解決のための 本人の役割	評価時期	その他留意事項
○○児童発達支援センター （○○児童指導員）	送迎（母、祖父母）	20××年 5月	送迎時、祖父母の協力を得る。保育園と児童発達支援センターの連携を密にとる。
市子ども課（○○主任） ○○相談支援センター （○○担当）	子育て教室に定期的に通う。 不安なことは相談する（母）。	20××年 7月	子育て教室へは、最初、相談支援専門員が同行する。祖父母にも子育て教室の様子を見ていただく。
○○の会（○○さん）	子育て支援サークルを見学してみる（母）。	20××年 7月	絵本の読み聞かせ会は、今までどおり継続して利用する。
○○相談支援センター （○○担当） 特別支援教育コーディネーター（○○先生）	どのような情報が必要なのか、気がついたときにメモしておく（母）。	20××年 7月	教育委員会との連携のもと、就学への不安の解消と準備を行う。

障害児支援利用計画【週間計画表】

利用者氏名（児童氏名）	日向カズ　君	障害支援区分	
保護者氏名	日向○○	利用者負担上限額	
障害福祉サービス受給者証番号	○○○○○○○○○○	通所受給者証番号	
地域相談支援受給者証番号			

計画作成日	○年○月○日

	月	火	水	木
6:00	起床・朝食	起床・朝食	起床・朝食	起床・朝食
8:00	送り（母）	送り（母）	送り（母）	送り（祖父母）
10:00	○○保育園	○○児童発達支援センター	○○保育園	○○児童発達支援センター
12:00				
14:00				
16:00		○○保育園		○○保育園
18:00	迎え（母）	迎え（母）	迎え（祖父母）	迎え（母）
20:00	夕食	夕食	夕食（祖父母）／迎え（母）	夕食
22:00	就寝	就寝	就寝	就寝
0:00				
2:00				
4:00				

サービス提供によって実現する生活の全体像	児童発達支援センターの併行通園と保育所等訪問支援事業の利用により、発達の特性にすることを主眼に支援計画を作成した。 本計画に基づき、就学を見通した本人への発達支援と家族支援を組み合わせ実施すること

	相談支援事業者名	○○相談支援センター
○○○円	計画作成担当者	○○○○
○○○○○○○○○		

金	土	日・祝	主な日常生活上の活動
			●○○保育園の水曜日の迎えと木曜日の○○児童発達支援センターの送りは祖父母の協力
起床・朝食			
送り（母）	起床・朝食	起床・朝食	●水曜日の夕食は祖父母宅
			●日曜日に祖父母の協力のもと、食材のまとめ購入
○○保育園			●家では、アニメのTVを見て過ごしていることが多い。
			●目を離すとベランダに出ようとするため、気を付けている。
	昼　食	昼　食	●ソファーをトランポリン代わりにして飛び跳ねて遊ぶことが多い。
		買い物	**週単位以外のサービス**
			●保育所等訪問支援事業(1回/月)
迎え（母）			●絵本の読み聞かせ会(毎月第3日曜日)
夕　食	夕　食	夕　食	●子育て支援サークル(1回/月 ○○の会)
就　寝	就　寝	就　寝	

あった専門的な発達支援と相談支援を受けることになり、楽しい保育園、家庭、地域生活が送れるよう支援により、子育ての不安を解消し、自信と見通しをもって子育てを行うことができる。

8　個別支援会議の内容等

【開催概要】

●参加メンバー
　児童発達支援管理責任者
　児童指導員
　保育士
　保健師
　母親
　相談支援専門員

●開催場所
　〇〇児童発達支援センター　会議室

【主な議題・内容】

〇〇児童発達支援センター利用について（個別支援計画の実施について）

●成育歴と支援経過について（相談支援専門員）
- 平成〇年〇月3000ｇで正常出産。
- 母親は育児休暇を取り１年間育児に専念。その後、復職し本児は〇〇保育園に入園。
- １歳半健診異常なし。
- ３歳児健診で「発達が気になる」と指摘され、発達専門の小児科医を紹介され受診。
- 発達障害（自閉症スペクトラム（ASD）・注意欠陥多動性障害（ADHD））と診断。
- 知人の紹介で、〇〇相談支援センターに相談し、支援が始まる。
- 「障害児等療育支援事業」を活用し、訪問療育と保育園への施設支援を定期的に実施。
- 平成〇年〇月、〇〇児童発達支援センター見学。利用希望。

●母親から
- 出産後１年間育児休暇を取り、復職と同時に〇〇保育園に入園。
- 現在、弟とともに保育園を利用している。

- 3歳児健診で「発達が気になる」と指摘され、小児科で「発達障害」と診断されたときは、ショックでどうしてよいかわからなかった。思いきって相談してよかった。
- 多動で、以前は、買い物のときも祖父母の協力をもらっていた。
- 最近は、少し落ち着いてきたようだ。
- 新しい環境（併行通園）に早く慣れてほしい。
- 「学校で授業中、座っていることができるだろうか？」と就学が心配。

● **保育士から**
- 「障害児等療育支援事業」による支援を受け、保育園では少し落ち着いてきた。
- 集団と個別による丁寧な支援を心がけている。
- 視覚的な支援をうまく使っている。

● **保健師から**
- 定期的に保育園を訪問し様子を見てきたが、対人関係がかなり伸びてきている。
- 5歳児健診では、3歳児健診と比べ、落ち着いてきている。

● **本人のストレングスについて**
- 活発
- 体を使って遊ぶこと。
- ブロック遊び、ダンスが好き。
- お手伝いが大好き。
- 虫や生き物に興味があり、よく世話をする。
- 大好きなA先生がいる。
- 協力的な祖父母がいる。
- 相談できる知人がいる。

● **今後の支援方向について**
①併行通園と保育所等訪問支援を組み合わせ、丁寧な発達支援を行っていく。
②今回参加の関係者による定期的なモニタリングを実施する。
③就学を視野に入れながら、教育委員会との連携による就学支援を始める。

⑨ 個別支援計画

個別支援計画

氏名　日向カズ　君　　　　　　　　　平成○年○月○日生（5歳2か月）

児童発達支援管理責任者　　○○○○　印

作成者　　　　　　　　　　○○○○　印

目標設定期間	全体支援目標		
平成○年○月○日まで	友だち（仲間）と協力し、共感しよう。		
具体的支援内容			
基本的生活習慣	食事	目標	手づかみせずに食べよう。
			箸を使って食べ終えることを食事のマナーとして教えていく。
	排泄	目標	現状を維持しよう。
	健康・清潔	目標	現状を維持しよう。
	着脱	目標	脱いだ服をたたむ習慣を身につけよう。
			着替えを早く終わらせたいという気持ちを受け入れながら、「脱いだ服をたたむ」というところまでが着替えであることを手順を示して教え、たためることを評価していく。
	備考		

具体的支援内容			
社会性	人とのかかわり集団	目標	人とかかわるうえで、具体的な方法を身につけよう。
			日常生活の中で、絵本や教材を使ってさまざまな場面での気持ちの伝え方や行動の仕方など、相手とのよいかかわり方を教えていく。
	あそび	目標	行事を通して協力することを経験しよう。
			❺競い合うだけではなく、仲間と達成感を味わえるようなあそびや活動を取り入れていく。体を使って遊ぶことも積極的に行う。
運動		目標	手指の機能を高めよう。
			個別指導や作業療法の中で、ハサミや鉛筆の使い方、手指の使い方を段階ごとに呈示して丁寧に教えていく。
言語		目標	わからないときや困ったときに、相手に伝える方法を身につけよう。
			ソーシャルスキルトレーニングの教材を使って、具体的な方法を教えていく。
備考			

平成○年　○月　○日

私はこの個別支援計画に同意します。

保護者氏名　　　　　　　　　　　印

⑩ モニタリングの視点（本人と環境の変化に留意して）

　モニタリングは、相談支援の命（要）である。計画に基づく実践を振り返り、変化を確認しながら、保護者の意向、思いをさらにくみ取り、支援の充足と、これからの成長に向けて、今後の支援の在り方を考える機会である。関係者が集い、子どもの思いを想像しながら、本人中心の評価を行う。何といっても本人・保護者の「満足度」が重要である。

　子どもの発達ニーズとサービス提供が一致しているか、そのうえで、保護者の希望や事業所等の評価に差異が生じていないかを確認していくことが重要である。

　サービス提供期間の保護者の心境の変化や、本人の成長発達の変化を的確に把握し、「なぜこうした状況になっているのか？」という結果に対する要因分析をしっかりと行い、新たな支援目標の設定を行うことになる。

　相談支援専門員一人の評価にならないよう、関係する分野すべての評価を積極的に取り入れていく必要がある。

⑪ まとめ

　支援の方向性について、各機関の目指すところが一致するとは限らない。相談支援専門員は、現状をしっかりと分析し、それぞれの意見を整理し、総合化した方針を提案する必要に迫られる。

　家族支援についての細かな目標は、それぞれの分野が考えていくことになるが、いずれにしても相談支援専門員を中心に、家族支援の長期的な方向性を提案していく必要がある。

　子どもの相談支援は、支援が子ども本人だけでなく家族にも及ぶ点にある。出生から成人期に至るまで、子どものライフステージは変化する。また、親や家族が「発達が気になる？」という漠然とした不安の中から相談が始まることもあり、子どもの発達支援、親やきょうだいのエンパワメントに加え、祖父母へのフォローも含めた家族支援、多岐にわたる関係機関やサービスをつなぐ地域支援など、成人期の相談支援と比べ一層の専門性を必要とする。

　子どもの相談支援は、発達を支え、子育て家庭に寄り添う重要な窓口である。相談支援専門員に期待される役割は、単なるサービスの組み合わせではなく、生活や成長を見通したトータルコーディネートである。子ども支援計画の役割は、関係者が支援の目標を共有するうえで大きな意味をもつことから、計画作成のプロセスが質の高いものであることを要求される。また、個別支援計画は、「発達の専門家の目」から子どもの状況をアセスメントし、丁寧な発達支援を行う方向性を示す指示書となる。

　乳幼児期における保育園や事業所等の利用や、学齢期における小・中・高校への入学

や卒業、成人期へ向けた就労支援や福祉サービス利用というように、成人と比べ、子どもの場合はライフステージが大きく変化していくため、各ライフステージにかかわるさまざまな支援・関係機関等の情報に精通し、適切なタイミングで支援ができるよう、有機的に連携していくことが必要となる。

　成人の支援の視点と比べ、相談の主体が家族全体であることから、家族の希望が前面に出やすく、子ども本来の発達ニーズと家族の願いとの間に矛盾が生じることもある。そのため、子ども自身の発達支援と家族の子育て支援やエンパワメントに向けた家族支援とを整理しながら計画を作成する必要がある。成長発達による変化が大きい時期であるため、常に最新の状況を把握する必要があり、モニタリングが重要となる。

　子ども支援計画は、気づきからのアセスメントや関係機関との連絡調整、情報整理など、基本相談の結果としてまとめられるものである。子どもや家族のストレングスや困り感に目を向け、課題を整理し、丁寧に作成される必要がある。

　子どもの思い、家族の思い、事業所の方針やスタッフの思い、子どもが通っている幼稚園・保育園・学校などの担任の思いをつなぎ、地域の中で子どもを育てていくことがイメージできる計画を作成することが重要であり、成人期以上により繊細かつ丁寧なコーディネートが必要となる。

⑫ 地域づくりのポイント

　相談支援専門員の大きな役割の一つが「地域づくり」である。子ども支援にとっての「地域づくり」は、子どもや家族と地域コミュニティとの関係性を意識した地域アプローチになる。事業所を利用する子どもや家族という視点ではなく、地域に暮らす子どもや家族の存在を意識し、地域の一員として共に育っていけるよう、「地域づくり」に寄与していくことが必要である。そのためには、ソーシャル・インクルージョンの理念を具現化し、相談支援や計画作成に反映していくことが重要である。

事例2 児童発達支援の利用②

親子のニーズに大きなズレがあるケース

① プロフィール（生活歴・病歴等）

氏名：山城サキさん（女児）
年齢：2歳3か月
障害等：知的障害、療育手帳（中度）
家族構成：父母と母方の祖母との4人暮らし。

●家族構成

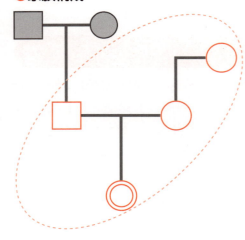

●社会関係図

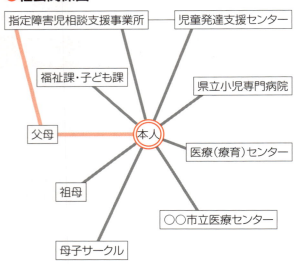

生活歴：
　市内の産婦人科で出生。出生当時、けいれん発作がみられ、市立医療センター（総合病院）へ緊急搬送にて入院。数日後、検査結果により県立小児専門病院へ転院。NICUでの1か月の治療と一般病棟でのリハビリテーション訓練を経て、出生から2か月後に自宅へ退院となった。市の1歳6か月健診により、発達検査後に医師より療育支援の説明を受け、市の保健師より児童発達支援センターと相談支援専門員を紹介されて相談が開始された。

② 初回面接時の印象や感想

　市の保健師からの紹介を受け、母親より相談支援事業所に連絡が入った。

　「相談支援の説明や児童発達支援センターの説明等で一度お会いできれば」とお願いし、自宅を訪問することになった。初めての経験なので、不安そうな様子が感じられたため、面識のある市の福祉課の児童担当者と2人で訪問することを説明して日程を調整した。

　後日、ご自宅を訪問すると、母親と祖母と3人で待っていてくれた。家族以外の人が自宅を訪れる機会はあまりないようで、子ども（本人）はびっくりした様子で祖母にしがみついていた。母親からの話でも、「自分の母なので、気遣いなく手伝ってもらって助かっている」と、祖母の協力と本人との良好な関係がうかがえた。

　また、週末に仕事がある父親も、平日の休暇日は本人とかかわる場面も多く、家族から大切に養育されている状況であった。

　出生時に緊急搬送されて、とても心配した経過から、ここまで成長できてよかったと思い返す反面、成長があまりにも緩やかであり、「さまざまな場面でどのように教えて育てていったらよいのか迷うことも多い」と話してくれた。

　隣の部屋での祖母とのかかわりの中でも、「あー、あー」とまだ言葉にならない要求を何度か耳にした。

　これまでに市の保育園入園前の「遊びの教室」に誘われて、本人を連れて行ったことがあるが、友達とも一緒に遊べなかったりする姿を見るのも辛くなり、今は行っていないと話していた。

　一人遊びと家族とのかかわりで生活を送っている現状であり、屋外で体を動かしたりする場面が少なく、母親自身も本人の発作を心配して、社会との接点が退院後から極端に減少してしまったことも想像できた。

　今回、児童発達支援センターでの療育支援を勧められ、母親は迷っていた。できれば、地元の保育園に入れたいと願っていた。相談支援専門員としては、児童発達支援センターを一緒に見学してから、一緒に考えていくことを伝えると、母親は少しほっとした表情をみせてくれた。

③ アセスメント（基本情報と課題分析）

基本情報に関する項目（大項目）	中項目	記　入　欄
１．基本情報		氏名・生年月日・連絡先等（１．プロフィールを参照）
２．生活の状況	生活歴	出生時けいれん発作で、市立医療センター（総合病院）へ緊急搬送にて入院。数日後、県立小児専門病院へ転院。NICUでの１か月の治療と一般病棟でのリハビリテーション訓練を経て、出生から２か月後に自宅へ退院となった。市の１歳６か月健診の発達検査後に医師より療育支援の説明を受け、市の保健師より児童発達支援センターと相談支援専門員を紹介された。それまで、市の「遊びの教室」への参加の経験もしたが、現在は家族以外のかかわりはない。
	家族状況	父母と母方の祖母と４人暮らし。父方の祖父母も同市内に在住。
	経済状況	父の収入（正規雇用の会社員）と祖母の老齢年金。特別児童扶養手当。
	居住環境	祖母の持ち家（一軒家）
	その他	父は週末仕事が多く、平日に休暇を取ることが多い。
３．医療の状況	病歴・障害歴	出生時より、てんかん発作（新生児けいれん） １歳６か月時、療育手帳（中度）取得
	医療機関利用状況	市立医療センター （経過観察の小児科診療：３か月に１回） 医療（療育）センター （言語聴覚士による訓練：毎月、 　作業療法士・理学療養士による訓練：２か月に１回、 　診察：３か月に１回） 県立小児専門病院 （小児神経科による経過観察と服薬処方：２か月に１回）
	医療保険	健康保険（全国健康保険協会）
	その他	―
４．福祉サービスの利用状況		市の「遊びの教室」へ、母子での参加が１回あったが、現在は無い。
５．健康状態	服薬管理	母の管理のもと、けいれん発作をコントロールする内服薬を朝・夕２回服用している。
	食事管理	好きなものをたくさん食べてしまうので、あまり体重が増加しないように、毎日体重測定をしている。
	障害・病気の留意点	服薬コントロールしているが、発作時は頭部や顔面を打たないように気をつけている。また、発作が起きたら、救急車で市立医療センターへ搬送するように主治医と話してある。泣いたときに、声を出さずに呼吸も止めてしまい、憤怒けいれんを起こしやすいので、抱っこしたり注意をおもちゃなどに向けて気を引いて、泣き止ませるようにして対応している。
	その他	―

基本情報に関する項目（大項目）	中項目	記　入　欄
6. 日常生活に関する状況	ADL	ほぼ全介助であるが、促しの声かけで協力はしてくれる（すべて家族が手伝っている状況）。
	移動等	歩行は可能であるが、つまずいて転倒することが多い。屋外は危険回避ができないので、家族が手を引いている。
	食事等	スプーンとフォークで食べているが、手元まで運べずに、こぼしてしまうことが多い。 好きなものだけ食べてしまう。
	排泄等	おむつを使用中。排泄のサインはまだみられないが、排便後に不自然な歩行の姿を周囲が確認している。おむつ交換には、泣いて拒否することが多い。
	得意・好きなこと等	❺ほとんどが一人遊び。屋外より室内での遊びが好き。シール貼りや、母や祖母と絵本を見ることを少し楽しいと感じ出している。父の「たかいたかい」はとても喜ぶ。
	その他	―
7. コミュニケーション能力		要求のあるときや困ったときは、「あー、あー」と声を出して助けを求めるが、限られた語彙も時々しか聞かれず、家族以外の人が聞くことはできないが、家族にはある程度まで本人の要望が伝わるようになってきている。要求が通らないときや、嫌な場面では泣いてしまう。
8. 社会参加や社会生活技能の状況		発作への見守りで、母も本人も屋外で活動することが少ない。父の休みに家族で買い物等に出かけることが月1回と定期通院程度で社会との接触はとても少なく、友だちと遊んだりする機会は無い。
9. 教育・就労に関する状況		❹地元保育園への入園希望が母にはあり、本人の成長状況を相談して、準備したいと家族は考えている。
10. 家族支援に関する状況		出生時より発作で入院した経緯があるため、どうしても危険な場面に遭わないように、自宅内での支援が中心である。母が都合の悪いときにも、同居している祖母が本人と過ごすことができる。市の健診から、育児教室や入園前の「遊びの教室」等にも参加した経験もあるが、本人も母もなじめなかったことから参加を断念してしまった。主治医への診療は継続されてきたことで、最近になり、医療（療育）センターでの療育訓練を開始した。
11. 本人の要望・希望する暮らし		―
12. 家族の要望・希望する暮らし		発作の頻度が減って、友だちと一緒に遊べるようになってほしい。身の回りのことも自分でできるようになってほしい。出生後から離れることもほとんどなく、母と過ごしてきたので、母も本人と離れて過ごすことへの不安感がとても強い。母としても、これからのことを相談できる場所があったらいいと感じている。
13. その他の留意点		―

④ 相談支援専門員の判断（見立て・支援の方向性）

　出生直後から入院生活を送り、2か月間の付き添い介護を実施した母親の想いを考えると、安全に健康で過ごしてほしいと願って育児をしてきた経過は理解できた。病気により成長が遅れていると理解し、医療面での応援の手立てとして療育手帳を取得した経過があり、ⓐ現状の発達段階を正確に受け入れるには時間が必要と感じた。

　市の健診での療育支援への説明や言語面・運動面等への訓練に通い出せたことはよかったが、月に1～2回程度の訓練日以外は、家族以外のかかわりしかもてない状況が今後も続くとすると、本人の発達への影響がとても心配である。市の教室での母親への支援が不足したことが、教室の参加が途絶えてしまった要因でもあり、家庭外での活動を本人と母親の両面から支援する方向を検討したい。

　そのため、3歳の保育園入園を目指して、もう1年家族内の養育を想定している両親に対し、本人の発達の成長への協力を得るために、具体的な支援場面の見学も含めて説明しながら理解を深めたい。

　まず児童発達支援センターの見学同行した様子から、健診で担当した市の子ども課、福祉課担当者、児童発達支援センター、相談支援事業所で、今後の支援に向けた調整会議を開催し、連携しながら進めていくことにした。

⑤ 情報の整理と追加情報が必要な根拠（ニーズ整理）

　医療（療育）センターでの療育訓練の内容や状況を母親の了解を得て確認し、発達支援に関する専門的な見解を把握する。

【専門職の訓練内容と家族へのアドバイス内容】
　＊言語聴覚士：コミュニケーション方法についての現状と訓練内容。
　＊作業療法士：手先の動きや筋力などの現状と訓練内容。
　＊理学療法士：運動面での課題と訓練内容。

　父親や祖母の現在の考えについての情報を受け取り、母親が置かれている家庭内の状況や、家族支援を展開するための情報を把握する。

　母親は、発作が減って大きなケガもせず、健康で過ごしてほしいと願った出生時の記憶が鮮明に残っているため、けいれん発作時の安心が一番である。

一方、発達の遅れが目立ち始め、友達と楽しく遊べたり、自分の身の回りのことが自分でできるようになってほしいと願っている。そんな母親の願いは父親も理解し、母親の願いを応援しようと休日には本人と遊んだり、一緒に出かけることを大切にしている。母親の実母である祖母も孫を大切にし、自分も若いので家事も育児も応援しようと協力的な考えをもっているが、市の健診での療育支援の必要性や環境的な発達支援の応援などの情報は伝えられておらず、今後については母親に任せている状況である。

　言語聴覚士からは、言葉を促すために絵本を一緒に見るようにすることを提案されていた。また、遊びや運動面では、体全体を使った活動の経験をしながら、肩や背中を鍛えるように、屋外での散歩やボール遊びや平均台等もメニューに入れている状況が確認できたが、訓練以外はどうしても発作への心配も重なり、自宅ではあまりメニューは展開されていないことがわかった。

　また、訓練も開始したばかりで、通っている親同士のかかわりは無い状況であった。

⑥ ニーズの絞り込み・焦点化

　緩やかであるが少しずつ成長しているわが子を、大切に見守っている家族状況の中で、ⓐ発達段階に合わせてさまざまな経験をする機会を提供することが必要なことを、本人の病気や情報の少なさにより、母親には届けられていない状況であった。来年の3歳の保育園入園を目指して、友達と遊んだり、身の回りのことができるようになってほしいと願っている母親に、本人の発達を一緒に応援するための方法や応援場所提示をしながら、具体的な支援のイメージを理解してもらうようにニーズを整理した。一方、母親自身が地域で情報をキャッチしたり、子育ての相談が継続的にできるような環境も視野に入れ、母親支援としてのニーズも含ませることにした。また、同時に本人の発達アセスメントを支援現場でしっかり整理し、今後の発達支援を家族も含めて応援してもらえるようにはたらきかけ、地域の応援者がチームでかかわることを意識してもらうよう方向づけをした。

障害児支援利用計画・週間計画表

障害児支援利用計画

利用者氏名（児童氏名）	山城サキ　さん	障害支援区分	
障害福祉サービス受給者証番号	○○○○○○○○○○	利用者負担上限額	
地域相談支援受給者証番号		通所受給者証番号	

計画作成日	○年○月○日	モニタリング期間（開始年月）	
利用者及びその家族の生活に対する意向（希望する生活）	私は、生まれてすぐに入院してから、ずっとお母さんと過ごして来 成長は緩やかだけど、少しずつできることも増えてきている。発作 いと思っている（母）。		
総合的な援助の方針	ⓐ全身的な運動や、友達とのかかわりが増えることで、自分ででき 独療育から開始するが、小集団療育になっても混乱することがない		
長期目標	体を使った遊びを楽しみながら、友達と一緒に遊べるようになる。		
短期目標	先生やクラスに慣れて、安心して登園できるようになる。		

優先順位	解決すべき課題（本人のニーズ）	支援目標	達成時期	福祉サービス等
1	ⓑ体全体を使った遊びや活動が楽しいことを知りたい（本人）。	屋外で遊具を使った遊びで、体を使って楽しむ。	○年○月（6か月後）	児童発達支援 ※母子通所
	身の回りのことが少しずつ自分でできるようになってほしい（母）。	先生から援助を受けながら、自分でできる部分を増やしていく。	○年○月（3か月後）	児童発達支援 ※母子通所
2	友達と一緒に遊べるようになってほしい（母）。	小集団に慣れて、友達と遊ぶ経験を重ねる。	○年○月（6か月後）	児童発達支援 ※母子通所
3	福祉制度や療育相談できる場所がほしい（母）。	訓練情報を定期的に受け取り、日常の支援に活かせるようにする。	○年○月（2か月後）	療育訓練 言語聴覚士 作業療法士・理学療法士
		相談内容に応じて、関係機関との調整を図る。	○年○月（2か月後）	障害児相談支援 ※行政相談
4	子育てのことを話せる人たちと出会いたい（母）。	児童発達支援センターで出会った保護者と一緒に参加して、いろんな情報を得る。	○年○月（2か月後）	○○市の親の会 （月1回：第三水曜日 ※父と祖母の協力

	相談支援事業者名	△△障害児相談支援事業所
○○○円	計画作成担当者	○○○○
○○○○○○○○○○		
2か月毎（○年○月）	利用者同意署名欄	山城○○（母）

た。お父さんやおばあちゃんも優しくしてくれるけど、お友達と遊んでみたい（本人）。
の時は心配だけど、春からは友達と一緒に遊ぶ経験をしたり、身の回りのことができるようになってほし

ることを増やしていけるようなかかわり方をする。最初は、母の見守りの中でお互いに安心してもらい単
ように無理なく移行できるようにする。

種類・内容・量（頻度・時間）	課題解決のための本人の役割	評価時期	その他留意事項
（週3日：火・木・金）	先生と好きな遊びから始め、少しずついろんな遊びや活動に参加する。	○年○月 （1か月後）	憤怒けいれんに注意して、本人が泣くときの呼吸の様子をよく観察し、未然に発作を防ぐかかわりをする。
（週3日：火・木・金）	できることを自分で行うことを覚える（トイレトレーニングを、先生と始める）。	○年○月 （2か月後）	
（週3日：火・木・金）	先生と一緒に、友達と遊ぶ。	○年○月 （2か月後）	
（月1回） （2か月に1回）	母と一緒に訓練に行く。	○年○月 （1か月後）	言語聴覚士・作業療法士・理学療法士等の専門職との相談や訓練情報などの助言を受けながら、日常の療育支援に活かしていく。
（随時） の協力	安心して相談する（母）。	○年○月 （1か月後）	定期的に保護者との懇談や、関係者との情報共有の機会をつくる。
10：00～） を得て参加	保健センターでの親の会に参加する（母）。	○年○月 （1か月後）	参加の連絡調整は、○○市の保健師が実施。

障害児支援利用計画【週間計画表】

利用者氏名（児童氏名）	山城サキ　さん	障害支援区分	
障害福祉サービス受給者証番号	○○○○○○○○○○	利用者負担上限額	
地域相談支援受給者証番号		通所受給者証番号	
計画作成日	○年○月○日		

	月	火	水	木
6:00				
8:00	起床・朝食	起床・朝食・身支度・登園	起床・朝食	起床・朝食・身支度・登園
10:00	家族と一緒に遊んだり、散歩して過ごす（父の休日は外出等）	児童発達支援センター	家族と散歩等 / 通院 / ○○市親の会（月1回）	児童発達支援センター
12:00	昼食		帰宅・昼食	
14:00	午睡	帰宅	午睡	帰宅
16:00	遊び（天気のよい日は屋外）	おやつ・遊び	おやつ・遊び	おやつ・遊び
18:00	夕食 / 室内遊び	夕食 / 室内遊び	夕食 / 室内遊び	夕食 / 室内遊び
20:00	入浴 / 就寝	入浴 / 就寝	入浴 / 就寝	入浴 / 就寝
22:00				
0:00				
2:00				
4:00				

サービス提供によって実現する生活の全体像	家庭以外での活動が初めて開始されるため、入口は週3日での児童発達支援センターをる時間を確保することを念頭に置いて計画した。家事全般を手伝ってくれる祖母もいるたと情報交換し、母子通園の形で児童発達支援を利用することで、安心して母子ともに支験しながら、先生との活動を通じて小集団で友達とのかかわり方を覚えたり、身の回りのことして、○○市の親の会への参加へも協力し、応援者との出会いや日常の悩みを話せる場所

	相談支援事業者名	△△障害児相談支援事業所
○○○円	計画作成担当者	○○○○
○○○○○○○○○○		

金	土	日・祝	主な日常生活上の活動
			●朝は寝起きはよく、8:00には一人で起きてくる。
			●火、木、金は児童発達支援センターへ母子通園するが、登園当初はお昼を食べて帰宅することから始め、徐々に午後の活動へ参加できる体力をつけていく。慣れたところで、火と木から小集団療育を開始するが、判断は様子を確認しながら決めている。
起床・朝食・身支度・登園	起床・朝食	起床・朝食	
児童発達支援センター（昼食後に帰宅）	家族と一緒に遊んだり、散歩して過ごす	家族と一緒に遊んだり、散歩して過ごす（父の休日は外出等）	
	昼　食	昼　食	●通園日以外は家族と一緒に過ごすが、天気のよい日は屋外へ出て、近所の公園まで散歩したり、父の休日は一緒に買い物に出かける。
午　睡	午　睡	午　睡	
おやつ・遊び	遊　び（天気のよい日は屋外）	遊　び（天気のよい日は屋外）	●午後は、午睡を2時間ほどしていたが、午後も遊びの時間を設けている。
夕　食	夕　食	夕　食	
室内遊び	室内遊び	室内遊び	●就寝時の寝つきもよく、一度寝ると朝まで起きない。
入　浴	入　浴	入　浴	**週単位以外のサービス**
就　寝	就　寝	就　寝	●市立医療センター通院（経過観察の小児科診療：3か月に1回）
			●医療（療育）センター通院（言語聴覚士による訓練：毎月、作業療法士・理学療養士による訓練：2か月に1回、診察：3か月に1回）
			●県立小児専門病院通院（小児神経科による経過観察と服薬処方：2か月に1回）

利用することにした。父は週末の出勤も多く、平日に休暇を取ることが多いため、父の休暇日に本人とかかわため、家庭での遊びも天気のよい日は屋外での活動を取り入れてもらうことにした。発作への対応も十分支援者のスタートが切れると考えた。児童発達支援センターでは、友だちとの交流やダイナミックな遊びを少しずつ体ができるようにかかわってもらうことにする。また、児童発達支援センターでの保護者同士のつながりを大切にを提供することで、家族の安心が高められつつ本人の発達を応援する計画とした。

8 個別支援会議の内容等

【開催概要】

●参加メンバー
　本人・両親
　市の子ども課の保健師、市の福祉課児童担当者
　児童発達支援センター管理責任者
　医療（療育）センター医療相談室担当者
　地域療育支援コーディネーター
　指定障害児相談支援事業所（相談支援専門員）

●開催場所
　児童発達支援センター　会議室

【主な議題・内容】

　これまでの生活状況の確認と今後の発達支援に向けた４月からの児童発達支援を含めた応援内容の確認と次回の開催日の決定（２か月後にモニタリング会議を予定する）

●発達アセスメントの内容
　出生時けいれん発作で、市立医療センター（総合病院）へ緊急搬送にて入院。数日後、県立小児専門病院へ転院し、２か月後に退院して現在まで自宅で生活してきた。以後、けいれん発作をコントロールする内服薬の朝・夕２回の服用を続けているが、まだ時々発作はある。泣いたときに、声を出さずに呼吸も止めてしまい、憤怒けいれんを起こすので、抱っこしたり注意をおもちゃなどに向けて気を引く対応をしている。市の１歳６か月健診で発達検査後に医師より療育支援の説明を受け、療育手帳の取得の申請と医療（療育）センターでの療育訓練への通院をはじめた。言葉や身体の発育は緩やかだが、自分で食べようと頑張ったり、言葉で家族に要求したりする場面もみられはじめており、保育園入園が社会デビューと考えていた両親と相談し、身の回りのことを練習したり、友達と運動したりする経験が必要であることを確認した。地元の保育園に通って友達と楽しく過ごしてほしいと家族は願っているが、発作時の不安を含めて応援できる方法を相談した。不足する支援課題を支援当初の現場でアセスメントして、具体的支援に結び付けることを共有した。

- **本人のストレングス**
  - 家族には、2語文にならないことも多いが、言葉で要求を伝える場面がみられはじめている。
  - 母に本を持ってくるなど、わかることは手伝おうとする姿がある。
  - おむつ内排泄すると、違和感ある歩行をする。
  - 食欲は旺盛で、フォークとスプーンで食べることにも挑戦している。
  - 薬も嫌がらずに飲める。
  - 嫌なときは泣くことができる。
  - お父さんの「たかいたかい」は大好き。
  - 夜はよく眠れる。朝の目覚めもよい。
  - 母や祖母と絵本を見ることに少し興味が出はじめてきた。
  - 経験したことは理解していることが多い。

- **社会資源の活用についての方法性の確認**
  - 主治医である県立小児専門病院（小児神経科による経過観察と服薬処方）と市立医療センター（経過観察の小児科診療3か月に1回）および、医療（療育）センターでの言語聴覚士・作業療法士・理学療養士による訓練等については、それぞれが目的をもって応援を継続してもらう。
  - 相談支援専門員（指定障害児相談支援事業所）との出会いから、すべての応援機関との連絡調整を含めた連携を図る拠点とする。
  - 市の子ども課保健師と福祉課児童担当者との面識がもてて、進路相談や福祉サービスの申請に関する手続きを応援してもらう。
  - 発作の心配と不安を解消するために、母子通園の形で児童発達支援サービスの利用を進めながら、発達段階に応じて支援内容や場所も検討していく。
  - 保護者同士のつながりをサポートして、親の会などへのデビューを果たす。
  - 家族の応援を忘れずに、平日の父とのかかわりを大切にする。

9 個別支援計画

平成○○年度 **個別支援計画**（支援当初に発見するアセスメントを支援課題に結び付ける）

氏　　　名	山城サキ　さん		計画期間	○年4月1日～○年9月30日
目　　　標	ⓑ体を動かしてたくさん遊びましょう。			
項　　　目	支援目標		支援内容	期　　間
遊　び 運　動 社会性	職員と体を動かすことで肩、背中を鍛えていきましょう。		○職員と一緒に遊びましょう。 ● 散歩 ● ボール遊び ● 手のひら押し合いごっこ ● 低い平均台 ● トンネルくぐり 　（手元を見る力を養いましょう）	6か月
遊　び	言葉を促すために本を職員と見ましょう。		○たくさん絵本を見ましょう。	
専門職から 助　言 アプローチ	言語聴覚士：コミュニケーションのとり方を伝える 作業療法士：肩と背筋を鍛える運動を取り入れる 理学療法士：運動面へのアプローチを受ける			
特記事項 （詳細別紙）	新生児けいれん発作時の対応について、家族と連携を図る （特に無呼吸での泣いた場面の、切り替え支援と緊急対応）			
作　成　日	○年4月○日		作　成　者	○○○○
説　明　日	○年4月○日		保　護　者	山城○○（母）

児童発達支援センター

氏　名	山城サキ　さん	計画期間	○年4月1日～○年9月30日
目　標	体を動かしてたくさん遊びましょう。		
支援週計画 視診（登園） ～遊び・活動	利用日：火曜日・木曜日・金曜日 利用時間：9時から14時（状況により昼食後まで） 利用方法：母子通所		

評価（4月10日）：（利用当初のアセスメント情報と支援課題の整理）

（遊び・運動・社会性）課題：体幹を鍛える遊びと小集団遊びの提供
- 絵本が好きで、一人で読んでいることが多い。他児とのかかわりより、一人遊びや職員と1対1での遊びの段階。
- 自ら進んで園庭に出ることはないが、職員の促しによりブランコや砂場、ジャングルジムで遊ぶことができる。
- 描画やシール貼り等の制作が好き。意欲的に取り組んでいる。
- ホールでの活動は嫌がる。人混みが苦手か？　運動が苦手か？　家でもジャングルジムで遊ぶなど、少しずつ体を動かすことに興味をもちはじめている。
- 困ったときに助けを求めることが難しい。
- 日課をよく理解しており、次に行うことを職員に教えてくれることがある。

（身辺自立）課題：終わりを伝える
- 排泄……おむつ使用。職員の促しに対して、泣いて嫌がるときがある。排便したいときに、両足を伸ばすポーズをする。（園で行うのは、不安、職員の気を引く、時間を持て余している、など別の理由があるか？）
- 食事……スプーン、箸を使用。自分で食べているが、手元を見ておらず、こぼすことが多い。白飯やデザートが好き。完食することが多いが、最近はサラダを残すことも多い。食べることが好きなため、あればあるだけ食べてしまう。
- 着脱……介助。ズボンを脱ぐことは少しずつ行っている。

⑩ モニタリングの視点（本人と環境の変化に留意して）

　障害児支援利用計画は、本人の発達支援と同時に、家族の安心と今後の成長に応援者が存在することを意識できる家族支援と、それぞれの支援機関が連動してチームで応援することを念頭に置いて作成した。

　初めて福祉サービスを利用する母子の不安と、発作への対応の不安要素を十分関係者が理解し、家族全体が安心できるスタートを目指して作成した計画が実践されて、どのような状況であったかの初回のモニタリングはとても重要である。

　一方、家庭内での養育が中心であり、家族外の支援者との関係が少ないことから、本人の全体的なアセスメントは主に家族からの聞き取りが中心であったため、サービス利用開始に伴い発見される本人のストレングスが、今後の発達支援に大きく影響することが想像できる。そのため、支援現場でのアセスメントを全体共有することも、モニタリングとして次の支援に活かせる視点が生まれる。また、年齢的に大きく成長する可能性が高い時期であり、家族による療育場面から、単独療育や小集団療育ステージへの切り替えへの導入に向け、個別支援計画も長期的なものではなくなることも予想されるため、支援チーム全体でのモニタリング会議を見極めていくことが必要となることから、モニタリング期間も2か月ごとの頻度とした。

⑪ まとめ

　本事例を通じて、本人の置かれている環境と発達支援の環境がどのようにマッチングするべきかについては、乳幼児期の家族中心の支援環境を決して否定せず、さまざまな課題や困難性を抱えながら地域生活を送る家族の思いに寄り添う支援を培うことが相談の入口にあった。そのことで、地元保育園を第一希望としていた家族が希望を絶たれるのではなく、現時点で応援できる方法を支援関係者と一緒に考えながら、家族も本人の発達に必要な応援者としてチームに加わることが大切であると気づいてもらえる相談支援の展開が重要であった。

　段階的に利用日（支給量）を組み立てていくことは、本人や家族の負担を軽減する一方では外部支援だけに寄りかかることなく、父を含めた家族の応援のバランスをみながら計画に反映させた。

　また、福祉サービス以外の医療や療育訓練も、一人の子どもを応援するチームの一機関として位置づけ、直接モニタリング会議などには参加できないまでも、支援メニューや方針が、医療相談室等を通じて、支援者全体に共有される連携システムとつながったことは大きな成果だといえる。

　相談支援の現場では、このような福祉関係以外の支援機関との連携については課題となることも多いが、本ケースでつながった関係機関であれば、本ケースが相談支援に対

して送ってくれた大きな宝物である。
　もし、日常的に連携が図られている場合であれば、同様にこれまでの支援ケースの実践において積み上げられた連携システムととらえることができる。

12 地域づくりのポイント

　相談支援専門員が一人の利用者の連携システムを構築することは、その地域の連携システムを構築するためのソーシャルアクションとして地域づくりの展開だといえる。

　本事例では○○市の「遊びの教室」へ参加の誘いから、大きな一歩を踏み出そうとした母子が、一度断念してしまう場面があった。特に発達の遅れの疑いや母子関係での関係性へのはたらきかけなど、さまざまな理由での介入場面ではあるが、入口でのフォローの大切さを地域で共有する必要があり、委託の療育支援相談との連携についても、地域の協議会等で議論を重ねてシステム化することが望まれる。個別支援会議に療育支援コーディネーターの参加を調整して、その第一歩を踏み出したことも、この理由の入り口の動きである。

　発達検査と療育手帳取得から、特別児童扶養手当の申請など、いくつかの○○市担当者との関係を、相談支援が本人を中心に計画に盛り込んだことも、チーム支援を地域に定着させるきっかけをつくる相談支援の展開である。

　発達を応援するための支援は、福祉サービスを月曜日から金曜日まで一律に支給決定することが当たり前ではなく、環境的な要因など個別性が重視されるべきであり、協議会での発達支援の考え方を共有することも、発達環境を整える地域として重要となる。家族からの応援・家族への応援の両視点が、障害児分野のサービス利用の在り方（ガイドライン）のポイントといえる。

　最後に、本事例はモニタリングを繰り返し、午後まで児童発達支援センターを利用できるようになり、翌年単独通園に移行して、就学前年の年長児には地元保育園への移行に向けた目標へと変化していくことになった。

事例3 医療型児童発達支援の利用

医療的ケアが必要な肢体不自由児のケース

① プロフィール（生活歴・病歴等）

氏名：和泉レン君（男児）
年齢：4歳8か月
障害等：痙性を伴う四肢麻痺（身体障害者手帳1種1級）、視知覚運動障害、知的障害（療育手帳なし）
家族構成：父方の祖父母と両親、姉（小学3年生）、兄（小学1年生）との7人暮らし

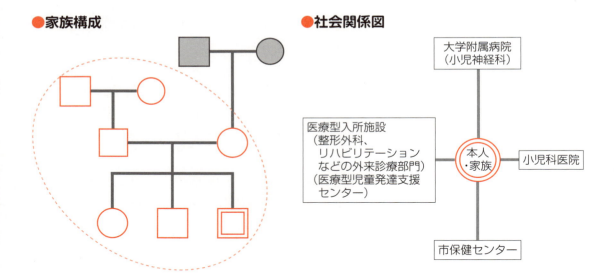

●家族構成　　●社会関係図

生活歴：
- 平成○年○月生まれ。32週、1800gで出生。すぐに新生児集中治療室（NICU）での保育となる。
- NICUで回復後、大学附属病院小児神経科受診。脳室周囲白質軟化症、脳性麻痺と診断され、医療型入所施設の外来診療部門（以下、外来診療部門）を紹介され、整形外科にてリハビリテーション（理学療法、作業療法）を受ける。リハビリテーションの

ほか、生活と遊びを通した発達促進および母親の育児不安への対応のため、2歳から外来診療部門の医療型児童発達支援センターに週3回通所する。市保健センター保健師も家庭訪問し、子どもや家族の様子を見に来ている。
- 祖父母と父親は仕事をしている。仕事が休みの日などは育児には協力的であるが、それ以外の家事や子どもの世話は母親が行う。母方の実家は関西で、年に1回里帰りして会える程度。

病歴：
- 四肢麻痺の診断があるが、麻痺は上肢よりも下肢のほうが強い。
- てんかんはあるが、現在は抗てんかん薬でコントロールできており、3歳頃からは発作は認められない。

② 初回面接時の印象や感想

　低体重出生児であり、その後「脳室周囲白質軟化症」と診断されたケースである。生後間もなく障害がわかり、母親や家族は相当動揺したが、大学附属病院は将来的なことも考慮し外来診療部門につなぎ、リハビリテーションも早期から開始している。

　2歳から医療型児童発達支援センターに通所するようになり、同じような子どもをもつ親同士の交流やあたたかい医療スタッフに支えられ、母親や家族の障害受容は進んでいった。ただ、それまでが医療中心の支援であったために、医療型児童発達支援センターの利用の際にも、障害児相談支援を介することなくケースワーカーの支援により「セルフプラン」を提出している。しかし、⒜保護者から「来年度、子どもを保育園か幼稚園に入れたい」という希望があったことから、医療から福祉中心の支援へ移行を進めたほうがいいというセンターの判断により、地域の子育て関係機関とのネットワークもあり、学齢期以降もつながっていける外部の障害児相談支援事業所に計画作成の依頼があった。

　初回の不安を解消するため、まず同センターでの発達支援を見学させてもらい、面接時には同センターのスタッフも同席してもらった。母親は、センターに通うようになって子どもが成長したことを心から感謝していた。他の保護者から歩くことはできなくても保育園に入園できたという話を聞いたこと、地域の幼稚園との交流保育で子どももとても喜んでいたことから、保育園か幼稚園入園に向けて取り組みたいという。また、入園後もセンターへの通所は継続したいと思っているという意思が確認できた。

③ アセスメント（基本情報と課題分析）

基本情報に関する項目（大項目）	中項目	記入欄
1．基本情報		氏名・生年月日・連絡先等（1．プロフィールを参照）
2．生活の状況	生活歴	生後大学病院からの紹介で、医療型入所施設の整形外科外来にてリハビリテーションを受ける。その後、2歳から併設の医療型児童発達支援センターの保育を週3日間利用。
	家族状況	父方の祖父母と両親、姉（小学3年生）、兄（小学1年生）との7人暮らし。 祖父母と父親が仕事をしている。仕事が休みの日などは育児には協力的であるが、それ以外の家事や子どもの世話は母親が行う。 母方の実家は関西で、年に1回里帰りして会える程度。
	経済状況	―
	居住環境	閑静な住宅街にある2階の一戸建て住宅 1階は、台所、風呂、トイレと祖父母の居間である。 2階は、本児と両親、兄弟の居住スペースとなっている。
	その他	―
3．医療の状況	病歴・障害歴	診断名：脳性麻痺、脳室周囲白質軟化症 障害名：痙性を伴う四肢麻痺（麻痺は、上肢＜下肢）、知的障害（軽度）、視知覚運動障害
	医療機関利用状況	K大学附属病院（小児神経科）、医療型入所施設の外来診療部門（整形外科、リハビリテーション）、医療型児童発達支援センターF園（小児神経）、Y小児科医院
	医療保険	健康保険、乳幼児医療
	その他	身体障害者手帳1種1級所持
4．福祉サービスの利用状況		
5．健康状態	服薬管理	抗てんかん薬
	食事管理	普通食（一口大カット食）
	障害・病気の留意点	てんかんは服薬でコントロールできている状態で、最近1年8か月ほど発作は認められない。 胸郭が扁平で胸腰椎の動きが乏しく、呼吸は浅い。上腕と肩甲骨の分離性に乏しく、座位での大きな手の動きでバランスを崩して後方に転倒する。膝関節に10度程度の伸展制限がある。足関節は過背屈、外反扁平であり、立位などのとき用にハイカットシューズを使っている。

基本情報に関する項目（大項目）	中項目	記　入　欄
	姿勢運動	体幹部の緊張は低く、座位でも腹部がグラグラ揺れていて不安定。支えることなく、ほんの少し体に触れておいてあげると立っていることができる。少しバランスを崩したり、自分で足を持ち上げるなどの動きをおこそうとしたときに急に立位が崩れてしまう。PCW歩行器を使って移動することもできるが、室内など床面が平らなところでの使用を好み、屋外などでは乗りたがらない。また、床上の機能的な移動手段は、同側性の四つん這い立位歩行の訓練場面になると、母親の声かけはかなり厳しくなり、立位歩行への期待の強さがうかがえる。手指は比較的器用で、細かい活動は好きだが、手を挙げ続けて作業することが難しく、お絵かきのときなど机上活動では、体が机にもたれていってしまい、思うように手が動かしにくくなる。机などもたれるものがあるときには、いろいろな活動を楽しめる。テーブルやベルトなどの体の支えがない姿勢では、些細な音で容易に驚いたり、ビクッと緊張してしまうことが多い。
	その他	発汗が少なく体温調節が難しいため、熱がこもりやすいことに注意。
6．日常生活に関する状況	更衣関連活動	着替えは床座位であれば、シャツを首に通すことはでき、袖通しには興味があるが、袖口を探っている間にシャツの前後が逆になってしまっても気にしないで着ている。ズボンやパンツの脱衣は自分ではできない。膝立ち姿勢は促せば可能だが、かなり努力している。
	移動等	床座位はW-sittingで両手を使って遊べる。ベンチ座位は可能だが、15cmの高さのいすでも怖がって背中を丸めて体の横に手をついている。 床上の移動は、交互性の四つん這いであるが、気持ちが焦っているときや速く動きたいときはBunny hoppingが実用的。伝い歩きも両手を支えにしていれば横歩きできるが、時間がかかる。玩具やお友達に気をとられているときに素早く軽やかに動けるときもあるが、足や手の動きを意識するとぎこちない動きになる。監視下（監督下）でPCW歩行器を使用するが、本人は好まない。屋外の移動は、市販のバギーを使用し全介助。
	食事等	食形態は普通食で、一口大であれば食べることができるが、しっかり噛まないまま呑みこむことが多く、えずいてしまう。食事姿勢は、センターでは体幹をベルトで安定させたいすを使用。自宅ではハイチェアーにベルトをつけて利用している。食器はワンプレートに盛り付けられていて、右手回内位でスプーンをもって、お皿に口を近づけて掻き込むようにして食べることができる。汁物やお茶などの水分は両手コップで摂取可能だが、取りこぼしも多い。

基本情報に関する項目（大項目）	中項目	記　入　欄
	排泄等	便意、尿意はあるが、一連の動きに介助が必要なため、焦ったように声を上げる。母親がいないときは、誰とも指定せずに、「おしっこ！おしっこ！」と連呼している。おまるをまたぐことや洋式便器に座ることはできない。乗せてもらえれば、用を足すことができる。
	得意・好きなこと等	－
	その他（遊び等）	粗大遊具は大好きである。ブランコを揺らしてもらって、すごく楽しんでいたのに、急に怖がって泣いてしまうこともある。滑り台は上まで昇ることができないので、介助を必要とする。体操や遊戯も大好きであるが、リズムが速くなると座位で飛び跳ねながら、頭と手を交互に降ることを繰り返した動きで楽しんでいる。机上活動は、お絵かきが大好き。自分で書こうとすると縦長の丸を重ねて構成した絵をかくことが多い。塗り絵などでは、枠からはみ出さずに塗ることができる。積み木などの構成遊びでは、平面に並べることが好き。積み木を電車や車に見立てて走らせたり、食べ物に見立ててままごとをすることもできる。特にままごとは自宅で姉兄とよくやっている。
7．コミュニケーション能力		言語でのコミュニケーションは可能で指示理解も良好、要求も伝えられる。かかわる人がいないと独り言が多く、ぶつぶつしゃべっていることも多いが、絵本やアニメのストーリーを繰り返している。医療型児童発達支援センターにおいては、急に子どもが近づいて来たり、他児がぶつかってくるような場面を怖がって、じっと止まっていることや大声で泣いて訴えることがある。
8．社会参加や社会生活技能の状況		医療型児童発達支援センターの友達とのふれあいを楽しみにしているが、対等に遊べることがほとんどないので物足りなさを感じている様子で、他児の保護者に語りかけ、遊んでもらうことなどが多い。月に2回ほどあるM幼稚園の遊び場開放をとても楽しみにしており、同年代の友達のところに積極的に交わっていく。その際に友達が走ったり、鬼ごっこ、サッカーなどの遊びを始めると、遊びの中に入りながら、友達の名前を一所懸命に呼んでかかわりを求めようとしているが、近くに来た友達が、軽く声をかけてくれる程度のかかわりになりやすい。

基本情報に関する項目（大項目）	中項目	記　入　欄
9．教育・就労に関する状況		両親は、発作や体温が上がりやすいことなど健康面が心配で、医療型児童発達支援センターに通い続け、幼稚園等への就園を検討してこなかった。❶今年度に入り、本児成長が著しく、センターの友達との遊びに物足りなさを感じはじめたことから、同年代の友達との交流が必要ではないかと強く感じはじめ、姉兄が卒園した幼稚園（認定こども園）に相談した。そして、月に２回の遊び場開放へのお誘いをもらい、同年他児とも遊ぶ機会をつくった。来年度年長ということもあり、来年は就園させて、同年健常児との集団を経験させたい意向である。
10．家族支援に関する状況		小柄であり、市販のバギーや母親の抱っこで移動することができていたため、車いす等の移動器具を検討していなかった。また、車いす等の障害特有の移動器具の作成については、両親ともに気がのらなかった。両親は本児の成長や健常児集団での交流の様子をみて、❸車いすなどの必要性があるということを認めることができてきた。就園先の検討を進めるとともに自宅、就園先等々で本児が「できる」環境設定を導入し、かつ援助が必要となることの整理伝達が必要。必要であれば、家庭内の家具の配置や就園先の導線、教室内の環境設定等々も確認工夫する必要がある。また、本児の健康面の留意点、対処方法などを母親とともにまとめ、母親から就園先に説明ができるようにしていく。
11．本人の要望・希望する暮らし		❷同年の友達の中で遊ぶこと、一緒に過ごすことが楽しくて仕方がない様子。友達と遊びたい一心で、怖がることもなく、追いかけたり、テーブルにつかまって立とうとしたり、いすからずりおりようとすることもでてきた。
12．家族の要望・希望する暮らし		幼稚園に入れて、同年の健常児と過ごす時間をつくってあげたい！
13．その他の留意点		

④ 相談支援専門員の判断（見立て・支援の方向性）

肢体不自由やてんかんがあり、これまで医療分野でのリハビリテーションおよび発達支援を受けてきた。ⓐ今回の保育園等への入園は保護者の希望ではあるが、何よりもレン君自身が保育園等への入園を望んでいるのか、保育園等へ入園して何をして楽しみたいのかなどの意向も大切にしたい。そのうえで、レン君の「できる」を中心にした保育・教育活動を組んでもらえるよう（保育計画や指導計画作成の参考としてもらえるよう）、医療型児童発達支援センターにて保育内容を充実させていくことが望まれる。相談支援専門員の役割としては、保育園等への入園という目標に向け、レン君が保育園等で安全・安心して過ごせるよう、①障害児保育に理解があり協力体制がとれる保育園等探し、②保育園等の環境に合わせた遊びや移動、ADL等機能の向上、③保育園等に対する医療情報や配慮事項等に関する情報提供・共有化を図ることが大切になると思われた。

保育園等への入園は、「ともに育つ」「ともに学ぶ」「ともに生きる」権利を保障するものである。インクルージョンの実現であるが、同時に「特別な保護や配慮」が不可欠となる。特に、てんかんや体温調整の困難さなどの医療的配慮のほか、肢体不自由を理由とした移動の安全確保や姿勢保持、介助と自立の見極めなどの配慮事項も多く、子どもや家族と保育園等の相互の不安を軽減させていく調整が必要である。レン君にとっては大きな環境変化であり大きなチャレンジである。それは保護者にとっても同様である。今回、新規にかかわることになる相談支援専門員は、その心情に丁寧に寄り添い、信頼関係を獲得する努力が必要である。

⑤ 情報の整理と追加情報が必要な根拠（ニーズ整理）

外来診療部門は生後間もないころからかかわっており、保護者の了解のもと医療的な情報を含めほとんどの情報を外来診療部門から聴き取ることができた。

現在、レン君の体幹部は筋緊張が低く、座位も不安定で、姿勢も崩れやすい。ただ、少しの支持で立位をとることができるため、母親は独歩への期待は高い。来年度保育園等への入園を希望しながらも、医療型児童発達支援センターへの通所を継続したい旨の意向はあり、理学療法を受け続けないと歩けなくなってしまうのではないかという不安も強い。母親の障害受容は進んできているものの、日々のレン君の世話のほか、姉兄の面倒や祖父母を含めた家事全般を母一人が担っている状況であり、心身ともに疲労しているのが現状である。保育園等への入園も、介護や育児、家事全般からの回避という意

味合いもあるのではないかと推測され、母親の負担軽減も視野に入れる必要がある。

　レン君の発達ニーズとしては、センターでの小集団活動には楽しんで参加しており、笑顔も多い。子どもの輪の中に積極的に入ろうとし、対人交流志向は強い。そのため移動意欲はあり、バニーホッピング（Bunny hopping）で自力移動できるが、PCW歩行器は好まない。保育園等への入園に当たっては、場面によって変える必要があると思われるが、移動をどのように行うかの検討が必要になると思われる。大きな集団は未経験だが、交流での体験は非常に楽しかったようで、「また、M幼稚園、行きたい」とよく言っている。ただ、不意に友達が近づいてくると動けなくなる等もみられたという。

　情報の整理においては、リハビリテーション計画書、看護計画書も活用した。

　また、食事や着脱衣、排泄などまだまだ介助が必要な場面は多く、やや指示待ちの姿勢もみられるが、少しずつできるようになっている部分もある。今「できる」部分をほめ、積み重ねながら満足感と次のステップへの意欲の向上を図ることも大切だと思う。遊びは、歌遊びが好きで、歌に合わせて体を揺らしたり、簡単な手遊びなどもできる。先生の手本を模倣することができ、期待感をもって楽しめる。

　言葉は、2、3語文で話すことができるが、かみ合わないことも多い。友だちとは、顔の表情や雰囲気でコミュニケーションを楽しんでいる。発語・理解面では3歳児程度であり、軽度の知的障害も疑われる。また、空間的位置の識別や運動視、立体視などの視知覚認知の障害もあり、保育環境や遊びなどの内容には配慮が必要である。

❻ ニーズの絞り込み・焦点化

　以上のことから、①子どもとしての育ちの環境の保障を目的とした、医療型児童発達支援センターにおいて、肢体不自由および合併する障害への❺・❻配慮と工夫された生活と遊びの中で、満足感と自主性、意欲を引き出す発達支援、②❹来年度の保育園等への入園に向けて、リハビリテーションの観点から、保育場面で活用できる配慮事項の整理、移動手段の確立、補装具や補助具の選定、ADL動作等の向上、③保護者および子どもの保育園等へ入りたいというニーズをかなえるため、保育園等や行政との連絡・調整、情報共有の手段の確立、インクルージョンを支える体制（他のメンバーを含む応援団）の構築、④保護者、特に母親の負担および不安の軽減のための別の障害福祉サービスの利用の検討などがニーズの焦点化としてあげられる。

障害児支援利用計画・週間計画表

障害児支援利用計画

利用者氏名（児童氏名）	和泉レン　君	障害支援区分	
障害福祉サービス受給者証番号	○○○○○○○○○○	利用者負担上限額	
地域相談支援受給者証番号		通所受給者証番号	

計画作成日	○年○月○日	モニタリング期間（開始年月）	

利用者及び その家族の生活に対する意向 （希望する生活）	・できれば、将来的に歩けるようになってほしい。現在通っている ・まだまだできないことは多いけれど、いろんなことが少しずつできる ・来年の春からは保育園か幼稚園、認定こども園に入園して、障 ・友達と遊ぶのは楽しい。リズム感あふれる歌遊びや手遊びが好 ・幼稚園の交流保育は、遊びも違うし年齢も上の子もいてダイナミッ
総合的な援助の方針	・「できる」ことを中心に遊びを設定し、「できた」という感覚をもて ・ⓐ<u>保育園等への入園に向け、関係機関との認識と方向性を一</u>
長期目標	・F園以外の友達といっぱい遊べるようになる。 ・そのための配慮は何かを見極めて、適切なサポートを受けられる
短期目標	・「自分でできた」を増やして、いろんなことに主体的にチャレンジ ・車いすの仕様、姿勢保持や食事の際の自助具、かかわりなど

優先順位	解決すべき課題 （本人のニーズ）	支援目標	達成時期	福祉サービス等
1	【発達支援】 機能訓練を受け、歩けるようになってほしい（母）。	少しずつ立位や伝い歩きも見られるので、今後も継続してもらう。	6か月	医療型児童発達支援セン ・理学療法士（機能訓 ・作業療法士（日常生活 ・保育士（遊びなどの保
2	ⓑ<u>いろんな友達といっぱい遊びたい。できることを増やして自信をつけたい（本人換言）。</u>	好きな歌遊びや手遊びなどのほか、好きな遊びを探してもらう。定期的に幼稚園との交流をお願いする。	6か月	医療型児童発達支援セン ・保育士、児童指導員等 ・定期的な幼稚園との交 ・作業療法士（お友達と遊べ
3	ⓒ<u>車いすの楽しさを知りたい。友達と一緒に動きたい（本人換言）。</u>	保育園での移動方法として車いす使用が提案されている。可能なら補装具の申請をする。	3か月	医療型児童発達支援セン ・理学療法士（保育活動 F市障害福祉課 ・補装具（車いす等）の

（次頁につづく）

	相談支援事業者名	A相談支援センター
○○○円	計画作成担当者	○○○○
○○○○○○○○○		
6か月（○年○月）	利用者同意署名欄	和泉○○（父）

医療型児童発達支援センターF園での訓練は継続したい（母）。
ようになっているのを実感できるので嬉しい（父母）。
害のない子どもたちと一緒の生活を送る経験をさせてあげたい（父母）。
き。もっといっぱい遊びたい（本人）。
ク。自分も幼稚園のようなところに通いたいなぁ（本人）。

るようにする。【達成感、自己有能感の育成】
致させ、子どもも家族も不安なく移行できるよう支援する。【サポート体制の構築】

ようになる。

できるようになる。
の配慮についてわかる。

種類・内容・量（頻度・時間）	課題解決のための本人の役割	評価時期	その他留意事項
ター（週4日） 練） 動作、育児指導） 育活動）	歩くを大切にしつつも、できることを増やしたり、遊び等を通して移動の意欲を育てることの大切さに気づく（母）。	3か月	理学療法士の意見をうかがう。
ター（週4日） （遊び等の保育活動） 流保育 る姿勢設定や道具の工夫）	交流保育について理解する（父母）。 ほめたり、待ったり、子育ての方法を学ぶ（母）。	3か月	交流保育の際には、職員が付き添う。
ター（週4日） の中での観察） 申請	補装具申請にF市役所に行く（父母）。	3か月	車いすの仕様は、整形外科医、作業療法士、理学療法士に任せる。

(前頁のつづき)

優先順位	解決すべき課題 (本人のニーズ)	支援目標	達成時期	福祉サービス等
4	【家族支援】 必要な配慮について整理し、共有化してほしい(母)。	保育園入園に向け、医療的配慮、移動や姿勢に関する配慮、楽しめる活動等の情報を共有する。	3か月	医療型児童発達支援セン ・保育園等における合理 相談支援事業 ・相談支援ファイル等の作 ・情報共有のための個別
5	育児の負担を軽くしたい(母)。	姉兄の下校と重なり、夕食の準備等で忙しい夕方の時間帯にホームヘルプを利用し、本人の着替え等を手伝う。	3か月	居宅介護(週2日:1回2
6	【地域支援】 来年4月から利用可能な保育園を見つけてほしい(母)。	障害児保育の経験のある保育所や幼稚園を行政を中心に探す。併せて、保育所等への支援体制を整える。	3か月	F市子ども・子育て支援課

種類・内容・量(頻度・時間)	課題解決のための本人の役割	評価時期	その他留意事項
ター（週4日） 的配慮を検討 成 支援会議の開催	保護者として、配慮してほしい事項を自らまとめる。園生活のイメージを先輩お母さんなどと情報交換する。個別支援会議に参加する（母）。	3か月	相談支援ファイルを保護者、F園と作成し、使い勝手のいいものにしていく。今後の変更も検討する。
時間）	ヘルパーと子どもの過ごし方についてリストアップしておく。しかし、それに縛られずに子ども主体で活動してもらう（母）。	3か月	保護者の負担軽減が目的だが、過干渉気味の母親から適度な距離感を保ち、子ども本人がヘルパーと主体的に着替えたり、遊んだりすることを支える。
	候補の保育園等への見学や情報の提供に協力する（父母）。 場合によっては、本人も園に行ってみる（本人）。	3か月	受入れ保育園等が決まったら、なるべく早くに連携を図る。

障害児支援利用計画【週間計画表】

利用者氏名（児童氏名）	和泉レン　君	障害支援区分	
障害福祉サービス受給者証番号	○○○○○○○○○○	利用者負担上限額	
地域相談支援受給者証番号		通所受給者証番号	

計画作成日	○年○月○日

	月	火	水	木
6:00				
8:00	起床・朝食・身支度	起床・朝食・身支度	起床・朝食・身支度	起床・朝食・身支度
10:00	医療型児童発達支援センター	子育て支援センター等	医療型児童発達支援センター	医療型児童発達支援センター（幼稚園の遊び場開放の際はそちらを利用）
12:00		昼食		
14:00		外遊び等		
16:00	外遊び等	居宅介護	外遊び等	居宅介護
18:00	おもちゃ、DVD等		おもちゃ、DVD等	
	夕食	夕食	夕食	夕食
20:00	入浴	入浴	入浴	入浴
	就寝	就寝	就寝	就寝
22:00				
0:00				
2:00				
4:00				

サービス提供によって実現する生活の全体像
- 障害に対する特別な支援を受けることができる（理学療法や作業療法等）。
- 子どもとして、遊びや生活の場が保障され、最大限の育ちを実現できる（発達年齢／生
- 子どもの機能障害を補完できる補装具等の活用により、これまで以上に主体的な活動が
- 来年度の保育園入園を目標に、園での特別な配慮について情報共有され、円滑に障害
  （事前の連絡会議、情報共有、相談支援ファイル等の活用、園での個別支援計画作

		相談支援事業者名	A相談支援センター
○○○円		計画作成担当者	○○○○
○○○○○○○○○			

金	土	日・祝	主な日常生活上の活動
			●月、水、木、金は医療型児童発達支援センターに通う。 ●通園バスでの送迎あり。 ●昼食は提供される。
起床・朝食・身支度	起床・朝食・身支度	起床・朝食・身支度	●火曜日は、母親と子育て支援センターなどに行って過ごす。
医療型児童発達支援センター	外出等	祖父母と過ごす	●夕方は、姉兄も帰ってくるため家の中は騒がしい。夕食の準備等もあるため、夕方は、DVDや絵本を見ていたり、好きなおもちゃで遊んでいる。姉や兄も一緒に遊んでくれることもあるが、宿題があったり、友達と夕食まで出かけることもあり、放っておかれることもある。
		昼食	
		祖父母と過ごす	
外遊び等			週単位以外のサービス
おもちゃ、DVD等	身支度等	身支度等	●医療型児童発達支援センターF園が地域の幼稚園と交流保育を実施している（月1回）。 ●未熟児で、障害もあるため、F市保健センターの保健師が定期的に家庭訪問してくれている。
夕食	夕食	夕食	
入浴	入浴	入浴	
就寝	就寝	就寝	

活年齢に応じた楽しい活動、できる活動）。
できる（車いすや自助具等）。
のない子どもとの生活に移れる準備が整う。
成・実践の援助等）。

8 個別支援会議の内容等

【開催概要】

●参加メンバー

本人・両親
医療型入所施設の外来診療部門の医師・看護師
同医療型児童発達支援センターの児童発達支援管理責任者・クラス担任・作業療法士・理学療法士
保健師
F市子ども・子育て支援課担当者（障害児支援の窓口でもある）
障害児相談支援事業所の相談支援専門員

【主な議題・内容】

●第1回目の個別支援会議（方向性のすり合わせ会議）

　まずは、支援利用計画案作成に当たり必要な移行の確認、アセスメントのための会議とした。すでにアセスメントの多くの情報は支援機関である外来診療部門がもっているため、事前に両親に情報共有に関する了解を得たうえで開催した。

　初回ということもあり、まずは児童発達支援管理責任者が司会を務め、自己紹介と会議の趣旨について説明した。その際、相談支援とは支援利用計画をツールとして支援やサービスを縦横につなぐものであること、子どもを主体として子どもや両親に寄り添って支援やサービスの内容を評価し改善につなげていくものであること等について説明した。その後、発達支援中の子どもの様子の見学を行った。後半は司会を相談支援専門員に交代し、情報の確認等を行う手順とした。両親からは、これまでの外来診療部門への感謝の言葉に加え、就学までは継続して利用したいという願いも述べられ、信頼の強さが感じられた。

　そのうえで、まずは今回支援利用計画の作成依頼のきっかけとなった来年度の保育園入園の希望について両親の意向を丁寧に確認した。両親は、地元の小学校に入学させたいという展望があり、その前提として保育園等への入園があることが判明した。相談支援専門員からは、地域の障害児保育の現状と課題について説明し、早期の就学相談も含めて行っていくこととなった。医師からは、対人や保育活動への意欲・興味関心の高さ、1日通した活動に耐えられる体力、医学的配慮は保育園等で対応できる範囲であることが述べられ、来年度の保育園等への入園へ向け、関係者が同じ方向を向いて進めていくことを確認した。

　その後、外来診療部門が所有している情報について一つひとつ確認し、次回の個別

支援会議では、相談支援専門員が作成した支援利用計画案について、レン君も入れて話し合いをもつことにした。

●第2回目の個別支援会議（支援利用計画案の提示）

第2回目以降は、相談支援専門員が主体となって会議を招集した。参加者は、レン君、両親、児童発達支援管理責任者、担任（会議中のレン君の保育も担当）、保健師、市の子ども・子育て支援課担当者、相談支援専門員とした。

冒頭、レン君にあらためて全員が自己紹介をし、医療型児童発達支援センターでの楽しいことや困っていることを聞いた。レン君は神妙な顔つきだったが、両親や担任の保育士が付き添ってくれていたこともあり、膝の上で話をしてくれた。

楽しいことは「歌」や「踊り」、「お絵かき」「昼ごはん」と元気に答えてくれた。交流している幼稚園での活動も聞いたところ、「楽しい」「また、行きたい」と言う。時間的感覚がまだないため、混乱を避ける意味で来期の保育園等への入園については直接聞くことはしなかった（事前に両親、センターとも確認済）。しばらくすると、初対面の相談支援専門員にも慣れ、近寄って抱っこを求めてくる。会議は一気に和やかになり、保護者の相談支援に対する距離も縮まった気がした。

今回の会議では、①支援利用計画案の内容と医療型児童発達支援センターで立案することになる個別支援計画の内容のすり合わせ、②母親の負担感軽減のためのホームヘルパーと短期入所の利用の確認について行った。父親からはなるべく母親に協力して育児を行う旨の発言があったが、父親の勤務を考えると難しい時間帯もあり、ホームヘルパーを試しに利用してみようということになった。短期入所については、レン君のことを考えると預けるのはかわいそうでできないとのことだったので、支援利用計画案からは外すこととした。

●第3回目の個別支援会議（支援利用計画策定のための会議）

今回は、支援利用計画策定のための会議とした。相談支援専門員が、本人、両親、医療型児童発達支援センターの児童発達支援管理責任者、担任保育士、居宅介護事業所サービス提供責任者に声をかけ、支援内容および利用方法等について確認した。保護者には、支援利用計画は個別支援計画の上位ではなく並行関係であること、常に関係機関が連携を取り合うこと、日々の困りごとがあった場合には、児童発達支援管理責任者または相談支援専門員どちらに相談してもいいことなどを確認した。

個別支援計画

医療型児童発達支援センター　F園
平成〇年9月1日

おなまえ　　和泉レン　君
（保護者　　和泉〇〇　様）

年齢：4歳8か月　　クラス：ぞう組

長期目標	ⓑF園のお友達の他にたくさんのお友達をつくって、元気にあそぼうね。 （おうちの方：活発な同年の子どもたちとの交流の場が増やせるように、いろいろな体験の場をつくってみましょう）
短期目標	遊びやお勉強、お着替えなどのお手伝いしてもらっていることに一人で挑戦して「レン君!!カッコいい！」と言われよう。 （おうちの方：自分でできそうなことを増やすために、かかわり方をもう一度見直しましょう。ついつい手伝ってしまいがちなことを明確にして、グッと我慢して見守ってみる機会を増やしましょう）

やってみよう！	具体的な目標	現状とかかわる内容	担当者と期間、頻度
育ちの項目 いろいろなことを自分一人で、思いきって、やってみよう！	保育クラスで一斉に行う移動やトイレなどのときにできる範囲内で、自分で動くとすることを重視していきます。	移動や着替えなど大きく体を使うときなどは、大人が助けてくれるのを待っているようです。手伝ってあげると大人に体を預けて手足は動かして協力はしてくれますが、諦めることも多いようです。 ⇒室内の移動のときは、行く先を見えるように伝えて、自分で移動するようにかかわります。現在も好きな活動の場所には、遅れることなくこれます。 ⇒屋外の移動は現在のところ介助が必要です。当面は、F園にある子ども用のリサイクル車いすを使います。車いすに慣れることと自分で移動して面白い！という経験を大切にしたいです。	はじめの1か月間は、大人の対応が変わってきたことに不安になるかもしれませんので、こまめな声かけや時間をかけて接します。動くこと、手をつかうことなど、ゆっくり、しっかりと本人の動作に合わせてかかわります。 その後、声かけなどを減らして動けるようにかかわります。 3か月間、担任保育士2名を中心に作業療法士と協力して取り組みます。
	ⓒ屋外の保育場面等で使う移動器具として車いすを準備し、遊ぶ時に活用します。	屋外移動の多くは、バギーか大人の介助で行ってきました。自分で車いすで移動することやお友達に押してもらうことはほとんど経験がありません。 ⇒幼稚園等での同年の児童集団をイメージして、車いすの設定を	理学療法士が中心に携わります。1か月間、リサイクル車いすの活用状況をみながら、新しい車いすの具体的な設定を提案します。

64

やってみよう！	具体的な目標	現状とかかわる内容	担当者と期間、頻度
		検討し、早々に作成にとりかかります。これから体の成長も進むので、サイズが調整できるタイプにします。また、今後は自分で操作することだけでなく、お友達が車いすを押して移動することも考えられるので、転倒防止などの安全性に配慮した構造にします。	
		⇒本人用の車いすが出来上がるまで、F園にある車いすでポジショニング等を行って保育で使えるようにします。 本人用の車いす作成時に反映できるように、何度か自宅に持ち帰り、生活場面（買い物等）でも利用していただき、自家用車への積み込みやグリップの高さなどについても保護者のご意見を伺います。	早々に作業療法士と理学療法士で準備します。作業療法士が保育場面での利用状況を把握し、保育士と協議して設定を工夫します。
	食事、更衣、排泄等において、日中活動時に行われる自分でできる設定を導入し、身の回りのことの自立度をあげます。	食事は、盛り付けを皿に分ける、弁当箱を利用してみる等のさまざまな場面を想定し、練習します。道具は、スプーンで食べられますが、他児の影響をうけてお箸への興味も出てくることも期待できるので、改良箸をいつでも手に取れるところに置くようにします。	作業療法士が改良箸を作成します。配膳時に見せますが、本人が手に取れば、担任が使い方を伝えます。
		更衣は、コーナー座面や壁面などを使って、自分で姿勢を変えながら体のもたれ方や手の使い方を試行錯誤できるようにゆっくりかかわります。 ※今後の進路次第ですが、時間割やスケジュールが優先されて介助量が増える可能性があります。本人ができることを明確にして、具体的に申し送る必要があります。	シャツ、ズボン、ボタンなどその時々で重点的に取り組むことを決めて、今後継続的に担任がかかわります。

第2章 事例3 医療型児童発達支援の利用

やってみよう！	具体的な目標	現状とかかわる内容	担当者と期間、頻度
		排泄のときは、教えてくれます。今まで通り、失敗しないようにかかわりますが、特に活動の合間などの排泄の時間での排尿を確実にして、焦らなくてもいいようになるといいですね。ズボンやパンツの着脱は、立位を保持できるようにかかわりますが、一方的に立たせても怖がってしまいます。排泄場面だけでなく、さまざまな場面でいすからの立ち上がりと座り込みを繰り返して、怖くなくなるようにかかわります。	機会あるごとに継続して、その都度かかわります。担当保育士、お母様で協力して、自信と安心をもたせていきましょう。
子育ての項目 安心して次の進路に臨めるように準備しましょう。	次の進路を決めるために、そして安心して多くの経験ができるように具体的になったことを確認しながら、対策をたてましょう。	幼稚園等の通園先はまだ確定していませんが、1か月後には願書の受け付けが始まります。ご両親が幼稚園等と話をされるときに必要なことを一緒に整理したいと思います。また、通園先の質問などに対しても具体的に対策を立てて取り組んでいきましょう。家でできていること、F園でできていることを確認し、進路先でどのようにかかわってもらいたいかのイメージづくりを進めましょう。	年末までの4か月間 ・遊び、日常生活について ⇒保育士、作業療法士 ・姿勢、運動について ⇒理学療法士 ・健康について ⇒看護師
仲間づくりの項目 就園先との情報共有と体制、環境整備	新たな通園先との連絡をとり、レン君の応援団を増やしましょう。	安心して園生活を営むために、特別な健康管理としてお伝えしておくべきことなどをわかりやすい書式にまとめて、理解していただく必要があります。また、レン君に必要なことを通園先の環境に合わせてアレンジする必要があります。実際に通園しはじめてからより具体的になりますが、その前に準備できることを先生方と進めていきたいと思います。体温調節や発作時の対応、姿勢運動補助具や自助具等の使用方法に関する説明と通園先に適した工夫を具体的に進めましょう。	

育ちと子育ての総合的な方針	今年の4月から経験した幼稚園での遊びの経験がとってもよかったようです。活発になって「自分でやる！」って主張してくれることがたくさん増えました。やる気を大切にしながら、いろいろなことに挑戦して、試行錯誤することをゆっくり見守れるようにしたいものです。そのための関係者の準備がとても大切な時期ですので、ご両親と一緒に一つひとつ進めたいと思います。

上記支援計画を立案し、説明しました

　　　児童発達支援管理責任者　　　　　　　　　　　印

平成　　年　　月　　日

上記支援計画の説明を受け、了承しました

　　　保護者氏名　　　　　　　　　　　　　　　　印

⑩ モニタリングの視点（本人と環境の変化に留意して）

　レン君の保育園等への入園に向けた直接的支援は、医療型児童発達支援センターが核となって行うこととし、障害児相談支援は支援やサービスの利用管理を中心に行い、移行に向けたネットワークの構築を担った。なお、個別支援計画と支援利用計画のモニタリングの時期を合わせ、関係者が一堂に会するようにした。

① 発達支援では、主に来年度の保育園等での適応を念頭に置いて、「できる」ことを中心に達成感を味わい、新たなことへのやる気につなげた。

　はじめは、指示待ちの姿勢もみられたが、スモールステップで課題を構成したことで自分でやってみたら「できた」という成功体験が積み重なり、探索行動も増え、主体性も生まれてきた。やや過干渉だった母親のかかわりも、センターでのやり方を学び、一貫性をもたせることで、母親も安心してかかわることができたのもよかった。

　また、車いすの使用については、本人ははじめのうち操作に手間取っていたが、これまで以上に自由に動き回ることができることに気づいてからは練習に励み、今では操作性も向上した。ただ、母親は車いすを使用すると歩けなくなるという気持ちが強く、抵抗もあったが、理学療法を今後も継続することを明確にしたことで納得を得ることができた。なお、車いすは本人の身体状況に合わせられ、成長とともに変更できるモジューラータイプの車いすを製作することとなった。

② 来年度入園できる保育園は、行政の尽力もあり早期に確保できた。障害児保育の経験のある園長がいる市立保育園で、加配保育士もつけていただけることになった。早期に入園先が決まったことで、園側も準備に時間をかけることができた。事前に園と医療型児童発達支援センター、両親、相談支援専門員が情報共有や支援方法について打ち合わせを数回行うことができ、園の安心感にもつながった。

③ 保育園入園後は、保育所等訪問支援を外来診療部門から受ける見通しもでき、子どもおよび家族は安堵している。また、今後、就園から就学、卒業後と、福祉の支えを受けながら自立（自律）していくことを念頭に、情報をつないでいく「レン君の育ちファイル」を相談支援専門員からの提案で作成することとなった。支援利用計画や個別支援計画などを綴るとともに、半期に一度のベストショットなども貼り付けられるようにした。

④ 母親の負担軽減支援（家族支援）として開始したホームヘルプサービスが、結果的には子どもと母親の距離感を適度にし、レン君が自分のペースで遊び、ADL等の自律に向けた意欲に寄与した。

⑪ まとめ

本事例は、生後間もないころから医療機関がかかわり、専門的な支援を受けてきたケースである。母親は子どもの障害を受け止めながら家族の支えで何とか乗り越えてきたが、関係機関といえば外来診療部門だけであった。医療中心の対応ができる段階であればそれでも可能であろうが、「保育園か幼稚園に通わせたい」という新たなニーズが出てきた段階ではそれも無理であろう。

セルフプランから外部相談支援事業所での利用支援計画作成への転換を図ろうとした外来診療部門の決断は、今回の大きなポイントの一つといえよう。外来診療部門は高度の専門機関としては力を発揮できても、広域で設置されているがゆえに地域のネットワークとのつながりは弱いというデメリットがある。新たなネットワークを構築するのではなく、日ごろから地域の子ども・子育て機関とつながりのある相談支援専門員が連絡・調整の要になることのほうが、円滑に進むことも多い。

また、相談支援事業所と医療型児童発達支援センターが事前にアセスメントを共有し、方向性についても確認し、それぞれのねらいや目標をどのようなものにするのかを十分検討していた。相談支援事業所からの一方的な"処方箋"のようなものではなく、このようなことができないだろうかという提案型の検討ができた。

そういった意味では、相談支援事業所が作成する支援利用計画と医療型児童発達支援センターが作成する個別支援の計画の内容が非常に似通ったものになっている。独自の視点をもちながらも、子ども（家族）を中心にして次の暮らしをつくりあげていけた意義は大きい。

12　地域づくりのポイント

　まず、行政機関が初期段階からチームに参加してもらったことがあげられる。幸いなことに、市の障害児支援の窓口が障害福祉課ではなく子ども・子育て担当課であったことも、保育園入園に向けて円滑に動けた一因であった。早い段階から行政も含めてチーム全員で「保育園入園に向けて頑張ろう」という支援の方向性を確認でき、また、医療型児童発達支援センターでの発達支援内容についても知ってもらういい機会となった。

　そのことで、①肢体不自由児を受け入れてもらえる保育園等を探すのは「行政」に、②保育園入園に向け、できることを中心とした活動を組み、見守り等配慮をしつつ、本人の意欲の涵養を図ること、また、車いすの仕様や姿勢保持の配慮などの情報の整理は「医療型児童発達支援センター」に、③情報共有ツールの作成や支援体制の構築、個別支援会議の開催は「相談支援事業所」で、という役割分担もできた。

　2つ目は、地域での障害のある子どもの受入れを支えるための新たな仕組みが構築されたことがある。医療型児童発達支援センターがレン君の保育園入園をきっかけに「保育所等訪問支援」を新規に行うことを決めたのは大きい。また、保育園はセンターと連携して園内研修会を行い、個別支援計画を作成することも決まった。あわせて、今後の縦横連携のツールとなる「育ちのファイル」も作成され、支援の情報等が引き継がれるようにした。

　なお、これらの取り組みは地域協議会子ども部会だけではなく、子ども・子育て会議でも経過報告するようにした。レン君だけの特別な扱いではなく、Ｆ市に生まれた子どもにはみな「ともに暮らす」権利を保障していくことであり、保育園等を支えるシステムを見える形で構築していくことが重要なのである。

　医療型児童発達支援センターは全国的にも数が少なく、医療的ケアや機能訓練をするイメージが強いかもしれないが、本質は肢体不自由特有の配慮とは何かを実践を通して明らかにしていくことであり、子どもが主体となって活き活きと過ごせるよう、遊びや生活を通した保育が基本機能である。相談支援専門員は、それを理解したうえで、関係者の相互理解を深めていく役割を担うことになる。

事例4 放課後等デイサービスの利用①

現状の支援を維持しつつ、本人のストレングスを活かしていきたいケース

① プロフィール（生活歴・病歴等）

氏名：石見カオル君（男児）
年齢：8歳
障害等：自閉症スペクトラム、療育手帳（中度）
家族構成：両親と小学校6年生の兄（12歳）との4人家族

●**家族構成**

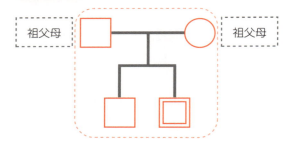

●**社会関係図**

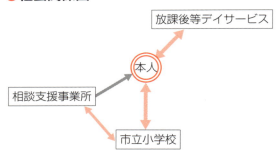

生活歴：

　養育には熱心で、子ども中心に家庭生活を送っている。話をしてみると、両親ともに明快な口調で、障害の状態も受け止め、前向きに日々を生活していると感じることができた。児童発達支援センターを卒園し、地元の特別支援学級に籍を置き、休むことなく学校に通っている。両親は就労していることもあり、今回が初めての支援利用計画の作成となるが、すでに平日は毎日のように放課後等デイサービスを利用している。現状のサービス利用については満足しており、母親は特に不安なことはないと言っている。

　父親方の祖父母は県内に在住し（車で1時間くらいのところ）、父親とカオル君は毎月2、3回ほど訪れている。母親方の祖父母は県外在住で、母親の愚痴をしっかり受け止めている様子である。

② 初回面接時の印象や感想

　本人とは家の中に入っても、目が合うことがなく、おもちゃのレールを床に広げて、一人で遊んでいた。声をかけると時折顔は上げるが、自分のペースで黙々と遊んでいた。しばらく母親と話した後で、本人に近づき、「新幹線カッコいいね。これはドクターイエロー！　これはN700系！……」とボソボソこちらが言っていると、「これは？」とカオル君が手に持っているものを差し出してきた。事前に調べて学習していたので、「500系だね〜！」と言うと、笑顔を見せてくれた。調子に乗って、「ドクターイエローは925形10番系だね」と言うと、嬉しそうに「10番系！」と答えてくれた。あとは、印刷してきた新幹線の紙の模型作りに誘い、一緒に作って過ごした。

　子どもとの関係が思いのほかうまくとれたこともあり、母親とは、和やかな雰囲気で話をすることができた。今は安定した暮らしを送っているが、幼少時はカオル君が夜中に目覚めると、当分の間泣きわめいていたこと、そのため睡眠が取れず、夫婦間でもつい愚痴の言い合いになるなど大変であったこと、二度ほど休職もしたことなどの苦労を聞かせてもらった。

　学校での様子、旅行に行ったときの写真もみせてもらい、カオル君が関心のあるゲームや動画も一通りみせてもらった。学校の担任の先生のことについては、詳しく聞かせてもらったが、カオル君はその先生のことが大好きで、親子のように寄り添って校内をよく歩き回っている様子。交流学級の先生も、カオル君のことを常に気をかけ、もっと交流の授業に参加させろと、特別支援学級の先生とカオル君の取り合いになるような話も聞くことができた。

　カオル君からも、電車の図鑑や写真を手渡され、初めて会ったとは思えないくらい打ち解けた表情をみせてくれた。

3 アセスメント（基本情報と課題分析）

基本情報に関する項目（大項目）	中項目	記 入 欄
1．基本情報	氏名・生年月日・連絡先等（1．プロフィールを参照）	
2．生活の状況	生活歴	健診後のフォロー⇒地域の親子療育相談⇒児童発達支援事業所⇒就学（特別支援学級）、現在小学3年生
	家族状況	4人家族（父親、母親、兄・小学6年生）
	経済状況	父親・母親ともに就労、特別児童扶養手当受給
	居住環境	一軒家、子ども部屋はそれぞれあるが、本人はほとんどパソコンがあるリビングで過ごす。
	その他	父方祖父母は県内在住、月に2、3回父親と遊びに行く。母方の祖父母は県外在住。盆・正月には帰省している。
3．医療の状況	病歴・障害歴	特になし
	医療機関利用状況	特になし
	医療保険	―
	その他	とにかく元気で、歯科も含めて、この何年か医者にかかることはない。
4．福祉サービスの利用状況		放課後等デイサービス事業所を週に5～6日利用してきた。（平日は夕方。土曜日は月に2回くらい利用）
5．健康状態	服薬管理	特になし
	食事管理	わりと何でも食べている。特に制限はない。
	障害・病気の留意点	本来ならテンションが上がりやすく、よく動き回り、生活リズムが乱れやすいところをもっているが、適切な環境により落ち着いて過ごせている。
	その他	―

基本情報に関する項目（大項目）	中項目	記　入　欄
6．日常生活に関する状況	ADL	歯磨きは一人で行う。着替えについても大体は一人で可能。
	移動等	一人での外出はしていないが、運動能力としては問題ない。公共交通機関など乗り物に乗ることを好んでいる。
	食事等	上手に箸を使って食べることができている。
	排泄等	一人でさっさと用を足している。
	得意・好きなこと等	電車の動画を一人でよく観ている。ジェットコースターは大好きで、ブランコに乗ると自分で大きく揺らして楽しんでいる。
	その他	食後の片づけは言われずに行っている。
7．コミュニケーション能力		なかなか伝わらないときは、簡単なジェスチャー＋単語を並べて伝えようとする。気に入っている同級生の子から話しかけられると、うれしそうに返事をしている。漢字に興味があり、同学年で習う漢字の読みはできる。計算は一桁同士の足し算ならできている。
8．社会参加や社会生活技能の状況		駅、野球観戦、交通関係の公園や科学館など、好きなところに好んで行くが、にぎやかな場所など苦手なところはなく、学校行事についても、先生に声をかけられながら、よく参加している。
9．教育・就労に関する状況		❺特別支援学級（情緒障害児）に在籍。担任は特別支援教育に関しベテランの先生で、子どもの長所を活かした教育を重視している。カオル君の興味を引くために、作品づくり・造形活動が多く設定され、電車の絵はもちろん、さまざまな素材を使った電車づくりなどよく集中して取り組んでいる。
10．家族支援に関する状況		両親ともに養育熱心。子どものペースをよく受け止めて、関心のあることを優先させてつき合っている。兄は中学の受験のため忙しいが、本児とはむしろ遊びたがっているところはある。
11．本人の要望・希望する暮らし		激しく体を動かして、体で感じることができるようなことが大好き。乗り物大好き、電車が大好き。電車の名前をよく知っている人とたくさん話したい。
12．家族の要望・希望する暮らし		仕事が忙しいので、なかなか子どもの相手ができていないが、できるだけ楽しめるようなところには連れて行ってあげたい。家では、パソコンに向かっている時間が長いので、気にはしている。今の生活に関しては、特に不満や困ったところはない。
13．その他の留意点		父親はほぼ土、日が休み。母親の休みは不定期で、土、日は仕事のことが多い。平日が休みのときは学校まで迎えに行き、その日は放課後等デイサービスはお休みして、近くの公園に行くなど子どもの相手をしている様子。

④ 相談支援専門員の判断（見立て・支援の方向性）

子どもが成長していくための基盤となる家庭がしっかりしており、心配していることや、不安なことが少ない様子だった。現在通っている学校、放課後等デイサービス事業所での子どもの状態も良好で、支援ニーズやヘルプコールが出ている状態ではない。しかしながら、こうしたケースこそ、子ども本人の大きな成長が期待できる状況であり、数多くのストレングスがあることを存分に活かし、障害があっても地域の子どもであることを追求できるケースである。

子ども自身の好きなこと、関心のあることをもっと日々の生活の中に取り入れることに努めていきたい。また、地域の中のあらゆるインフォーマルな資源を見つめ直し、子どもの居場所を一つでも見つけ、地域生活への可能性を広げていきたい。どうしても隣近所の目を気にしてしまい、あまり意識しなくなったとしても、地域から外れがちな活動の軌道修正を共に考え、家族のエンパワメントを進めていくことができるケースだとも考えていきたい。そして、子どもが主役で、家族も主役といった支援利用計画を作成し、その計画を読んで、家族はもちろん、子どもを支える人たちにおいても思わず笑みがこぼれるような、エッセンスを加えていくように努めたい。

ⓐ今のところは、容易に見つけていける子どもの関心をもっと生活の中に活かしていき、それが目に見えるような支援内容にしていくことを重視した。それは、学校と放課後等デイサービスだけであった生活から、一歩周りに目を向けていくためのものであり、そういったことも選択肢の一つになるということが、支援会議の中で確認できることを目指していきたい。

⑤ 情報の整理と追加情報が必要な根拠（ニーズ整理）

母親との話を重ねていくうちに、幼少時は実家の祖父母や近所のボランティアグループの方々の協力も得ながら仕事を続けていたが、心身ともに疲れて休職に至ったことを詳しく聞かせてもらった。祖父母が車で1時間ほどのところにいること、ボランティアグループの方に朝や夕方みてもらえる日があっても、確実な曜日が決まっていなかったこと、夫は毎晩遅く帰っていたことなどの苦労話を聞くことができた。

今は本人が落ち着き、毎日のように放課後等デイサービスを利用していくことで、安心して仕事ができるようになったようだ。そのため、「特別に望んでいることはない」という話ではあったが、さらに話を聞いていくと、ⓐ「パソコンに向かっている時間が

多い」ことや、「遊びに連れて行けない」ということを気にしていることがわかり、「もっとこの子のために何かしてあげたいが、時間が取れない！」という思いが聞かれた。さらにカオル君の成長は、しっかり受け止めてもおり、「本人が喜んでくれるところであれば、積極的に連れて行きたい」という気持ちも母親は強くもっていることがわかった。母親としてのそうしたさまざまな思いを受け止め、これまでどおり母親の就労も保障していきつつ、支援利用計画を作成していくことを機会に、家・学校・放課後等デイサービスといった、これまでの生活を改めて見直す必要性を感じた。

　併せて、カオル君と毎週のようにお出かけに行っている父親と、中学受験を控え、塾通いに忙しいお兄ちゃん（このところ何度か塾を無断欠席していたことが発覚し、母親の子育ての関心は、今は兄に向かっている。とても優しく上手にカオル君と遊ぶことができる兄）と、一緒にカオル君のことを考え、2人の出番が増えていくことは、むしろ歓迎してもらえる可能性はあるのではないかとも感じた。

❻ ニーズの絞り込み・焦点化

　誰かと一緒に過ごし、誰かに声をかけられることをカオル君が求めている。そして、地域の中での居場所を増やしていくために、まずどのような選択肢が地域の中にあるのか、どんなことをカオル君は求めているのかを、検討していくところから丁寧に行っていく。母親の就労を保障することも含めて、可能な範囲で多くの人からの意見を求めた。

　そうした中で、カオル君の強みとして個別支援会議の中でも確認できたことは、❺カオル君がやはり交流学級の子どもたちと過ごす時間に笑顔が多く、声もよく出ているということであった。本人にとってその時間は楽しいひとときであり、居心地よく感じていると解釈しても間違いないのではないか。学校としては、可能な範囲でカオル君が皆と一緒に過ごす工夫をしており、それは周りの子どもたちのためにもなっていると確信できた。それだけに放課後の時間についても、工夫次第ではカオル君の思いをかなえられるやり方が見つかるのではないかと考え、さらに関係者からの意見を求めていった。一方で、カオル君の父親や兄は、カオル君に対してとても愛情をもって優しく接してきていることがさらに確認でき、父親や兄の出番については、利用計画の作成を機会として、無理のない内容で前向きになれる提案を盛り込んでいくことを重視していくことにした。

障害児支援利用計画・週間計画表

障害児支援利用計画

利用者氏名（児童氏名）	石見カオル　君	障害支援区分	
障害福祉サービス受給者証番号	○○○○○○○○○○	利用者負担上限額	
地域相談支援受給者証番号		通所受給者証番号	

計画作成日	○年○月○日	モニタリング期間 （開始／終期年月）	

利用者及び その家族の生活に対する意向 （希望する生活）	家ではパソコンに向かっている時間が多く、もっと宿題があったら、父母ともに就労しており、今後も働き続けていくうえで、必要なサー特別に望んでいることはなく、仕事をしているのでこれまでのペース族）。
総合的な援助の方針	ご両親ともに就労している中で、ご夫婦の連携抜群に子育ても楽しイサービス事業所でも、他のお子さんとの接点を求めていることは多<u>がたくさんあるカオル君ですから、もっとカオル君が生き生きできるよ</u>
長期目標	ご紹介した放課後子ども教室への参加については、慣れている放オル君の様子を考えると、こういった機会も大切にしたいですね。ので、カオル君の成長に期待しましょう。
短期目標	カオル君がもっと喜んでくれそうな遊びや、活動の場を見つけていき月に1回ペースで参加し、カオル君の表情がどう変化していくかご

優先順位	解決すべき課題 （家族及び本人の発達の ニーズ）	支援目標	達成時期	福祉サービス等
1	母親の就労の保障と、リラックスして遊べる環境の提供	学校以外の場所で関心のあることを中心に、のんびりと楽しく過ごしているカオル君です。新たに、木工の作品作りを中心の事業所でも過ごしてみましょう。	6か月後	放課後等デイサービス・R 週3日利用（月・木・金 時間帯は、主に16：00 放課後等デイサービス・M 毎週火曜日利用。時間
2	家庭の中での過ごし方について	電車の写真を撮ったり、電車の動画を楽しんでいるカオル君。他にも写真の撮り方、アプリ、無料ゲームなど、楽しいものを見つけていきましょう。	6か月後	ますますパソコンに向かう時感じられるでしょうが、時間○○児童発達支援事業所で、タイマーの使い方も詳しいてください。（000-000

（次頁につづく）

	相談支援事業者名	○○相談支援事業所
○○○円	計画作成担当者	○○○○
○○○○○○○○○		

6月ごと（○年○月）	利用者同意署名欄	印

勉強する時間が多くなるのかなと思う。
ビスは受けていきたい。
で生活していきたいと思っているが、本人が喜んでくれるところがあれば積極的に連れて行きたい（家

んでいらっしゃると感じます。とっても明るく元気に育っているカオル君ですね。通っている学校でも、デ
く、今の生活のペースはこのまま続けていけるといいですね。一方で、ⓐ好奇心旺盛で、好きなこと
うな生活について、いくつかご提案させていただきますので、カオル君とともにチャレンジしてみましょう。

課後等デイサービス・Rでの生活のことを思うと何かとご不安だと思います。でも学校の交流学級でのカ
校校長先生、担任の先生も時々見に行ってみるとのことです。できるだけ早く慣れるよう最善を尽くしま

ましょう。今回のところは、先日見学に行った○○アーチェリースクールや○○新体操クラブにそれぞれ
家族の方共々、楽しみにしていきたいと思います。

種類・内容・量（頻度・時間）	課題解決のための家族の役割・立場	評価時期	その他留意事項
曜日に利用することもあり）。から18：00 帯は16：00から18：00	送迎はともに、それぞれの事業所が行います。その日やったことは、写真で知らせてくれるそうですので、感想等を事業所に伝えてください。	5か月後	R事業所の利用日が半減します。新たな挑戦になりますが、R事業所のスタッフもそれぞれの場所、場面に行ってくれるそうです！ M事業所では木工の作品作りを中心に行う予定です。
間が増えたらどうしよう？ とを意識できているようです。の○○さんが、鉄道大好きいので、ぜひ連絡して話を聞−○○○○）	○○さんに連絡を取ってみてください。話はしてあります。	5か月後	先日ご紹介した二つの時計を使ったら、きちんと終わることができますね。ですから、もっとおもしろそうなことは見つけて紹介させていただきます。残り○分など、カウントダウンのタイマーはカオル君は苦手なので、使わないようにしましょう。

(前頁のつづき)

優先順位	解決すべき課題 (家族及び本人の発達の ニーズ)	支援目標	達成時期	福祉サービス等
3	❺地域の中で小学校の子ども達とふれあう機会をもつこと	先日の体験教室の参加、楽しそうでしたね。スタッフの方もよい方ばかりです。新たなカオル君の表情を、皆で楽しみましょう!!	6か月後	○○市教育委員会主催 放課後子ども教室 　水曜日　14：30～17：
4	体を使ったダイナミックな運動の体験	しっかりと体を動かしていくことが大好きなカオル君です。カオル君が好きな動きのある遊びをもっと増やしていきましょうね。	6か月後	○○新体操クラブ（第1・ 　お兄ちゃんが連れて行って 願いします！　クラブのHコ 話しています。帰りは、◇ 　お弁当を△公民館で食べ バスに乗って帰ってくるそう ○○アーチェリースクール 　お父さんが連れて行くそう 戦してみてください。

種類・内容・量(頻度・時間)	課題解決のための家族の役割・立場	評価時期	その他留意事項
（今年1年参加できます） ○○	お母さんはこれまで通り、お仕事が終わったら家に直帰で大丈夫。とはいえ、いろいろと心配でしょうから、連絡を取り合いましょう。	5か月後	教室には担任の先生と行くことになります。迎えは、お兄ちゃんです!! G君、突然の提案、ごめんね！「お迎えに行くことがたいへんだな〜」と思ったら、私にそっと教えてね！
3土曜日の10時〜12時）。くれるそうですが、よろしくおチにはカオル君のことは詳しく ◇社協の方が迎えに行き、て、遠回りになる方の巡回です。 （第2土曜日・10時〜12時）ですが、よかったら一緒に挑	新体操クラブには、時間があるときに見に行ってください。アーチェリースクールにもカオル君の話はしています。見るだけでも楽しめていましたから、ゆっくり過ごせるといいですね。	5か月後	バランス感覚を必要とすることや、瞬発力を使うことなどは、カオル君の体が「欲求」する部分を満たすことになるといったアドバイスを受けました。そのことについてはしっかり勉強して、お伝えできることがありましたら報告していきます。

第2章 事例4 放課後等デイサービスの利用①

障害児支援利用計画【週間計画表】

利用者氏名（児童氏名）	石見カオル　君	障害支援区分	
障害福祉サービス受給者証番号	○○○○○○○○○○	利用者負担上限額	
地域相談支援受給者証番号		通所受給者証番号	
計画作成日	○年○月○日		

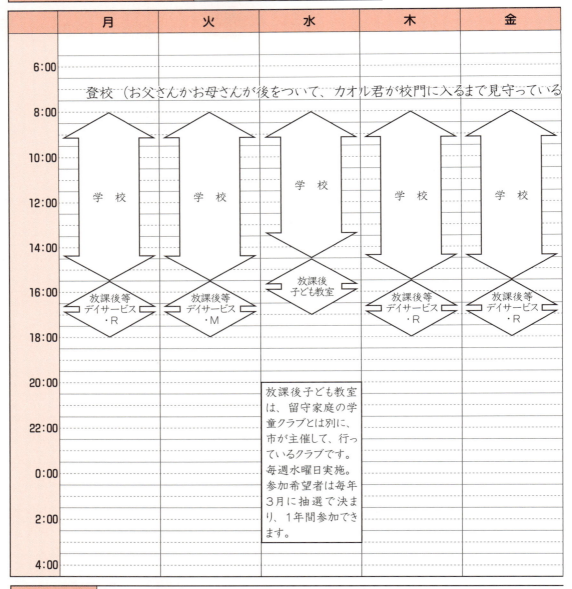

サービス提供によって実現する生活の全体像	日々の生活について、特に嫌なこともなく、お友達との時間も含めて、楽しんでいるカオル　両親にも温かく見守られ、もてる力をしっかりと発揮しながら成長しているようですね。 ご両親ともお仕事をされていますので、これまで通り放課後等デイサービスを利用しながらの　さんやお兄ちゃんの出番も増えてきますので、これまで以上にカオル君が楽しめる1週間の生　てみましょうね。

	相談支援事業者名	○○相談支援事業所
○○○円	計画作成担当者	○○○○
○○○○○○○○○○		

土	主な日常生活上の活動
ようですね) ○○クラブ新体操 ○○チェリースクール 支援移動	★遊びについて ●汗をいっぱいかいて、ダイナミックに体を動かすことが大好きなようです。これからはさらに体力はついてくると思いますので、カオル君にとって達成感がもて、何度でも挑戦したくなる全身を使った運動を、できれば日常的に体験できるといいですね。 ●描画では、やはり電車の絵が得意なようですね。好きなものだけでもいいので、描くことはストレス発散にもなりますので、挑戦していくといいと思います。パソコンでは動画を眺めることも多いようですが、電車の写真を編集・加工していくなど、パソコンでも表現することの楽しさを味わえるといいなと思います。関心のある遊びとは、学習でもあり、将来の仕事や余暇に結びつくものです。撮った写真を印刷して、切り貼りすることも時にやっているようですが、一枚の紙にたくさんの写真を切り貼りして、カオル君の手間と、愛情をかけていけば、それは立派な芸術作品ですので、さらに試みていけるよう励ましていくことも大切だと思います。 ★外出について ●ケガのないように見守っていくことは大切ですが、一方では、将来的に一人でいろいろなところに出かけられる力をもっています。電車の乗り換えでも、できるようになることでしょう。そのためには、外出時におろそかになること、声かけが必要なこと、苦手なことを、しっかりと把握していくことが重要です。あせらず、じっくりと見守りながら、どんなところで注意が必要かという目でふだんから様子を見ていきましょう。少しでも多くの周りの大人がカオル君の気持ちを理解したうえで、多くの社会的経験を重ねていくよう支援していくことに重点を置き続けたいものです。 ★人とのかかわりについて ●自分がほしいものを独占したり、自分のペースでかかわろうとしたりすることもあると思いますが、厳しく指導していくのではなく、どうすればマルなのかを示していくことが、カオル君には必要かと思います。何がマルで、何がバツなのかを、二つ同時に目で確認できる示し方にも気をつけて接していきたいものです。また、少々独りよがりのことであっても、主張していくことは、成長に必要なこととして、（何でもやっていいよというわけではありませんが）まず「～したかったんだね」と受け止めてから、どうするべきかを示していけるといいですね。
	週単位以外のサービス
	●短期入所については、冠婚葬祭のときなどに、カオル君を連れて行く気持ちのあるご両親にとって、体験させておく必要性をあまり感じません。もしご不安なことがありましたら、相談くださいね。 ●学校の長期休暇など、必要に応じて放課後等デイサービスを利用していますが、お父さんとのお出かけができれば、それが一番カオル君にとってはいいようですね。

君です。過ごしているそれぞれの場所で、やりたいことを見つけ、落ち着いて過ごすこともできています。ご生活になりますが、カオル君の居場所、楽しめるところが他にも見つかりました。またカオル君が大好きなお父活になりそうです。さらに、同級生のお友達に、カオル君のことに関心が出てくるよう、一緒にいろいろと考え

8 個別支援会議の内容等

【主な議題・内容】

● 1回目の会議（利用計画作成前）

　まずはコアなメンバーで、相談支援専門員の呼びかけにより、利用している放課後等デイサービス事業所のスタッフと幼児期に利用していた児童発達支援センターの園長と3人で、カオル君のケースについて情報の共有を図った。

　そこでは、大きな不安もなく、安定した暮らしを送っているカオル君とその家族に対して、場合によっては利用している放課後等デイサービスの利用日を減らすことになるようなプランを提案してみることについて（教育委員会が主催の水曜日の午後に実施する放課後子ども教室に、3月中に申し込んだら、1年間参加できる可能性があることがわかった）、どう感じるかという相談支援専門員からの話があった。児童発達支援センターの園長からは、「かえって励みになるし、お父さんもお母さんも喜ぶのじゃないかしら」とのこと。次回会議は、保護者と学校の担任の先生、特別支援教育コーディネーターの先生も交えて実施することとした。

● 2回目の会議（利用計画作成前）

　相談支援専門員の呼びかけにより、母親と本人、通っている学校の特別支援学級の担任、2か所の放課後等デイサービス事業所の児童発達支援管理責任者と担当スタッフ（各々2名）、以前利用していた児童発達支援センターの児童発達支援管理責任者の計9名で会議を開催。特別支援教育コーディネーターは欠席。支援利用計画案の内容を中心に話し合いを行った。

　相談支援専門員からは、カオル君が好奇心旺盛で、自分に目を向けてくれる人であれば苦手なタイプや場所は少なく、いろんな体験を積むことが可能なお子さんであることと、母親の就労状況に影響なく、地域の中にカオル君の居場所を増やしていくためのプランである説明があった。その内容については、笑顔でその場に座っていたカオル君にも話しかけながら（一つひとつ「これでいいですか？」と尋ねるたびに、「いいよ！」とは答えてくれた）、特に異論はなく、新たに参加するところへの送迎について話し合った。

● 3回目の会議（利用計画が確定した直後）

　結果的には日程の調整がつかなかったため、相談支援専門員が家庭・学校・二つの放課後等デイサービス事業所・児童発達支援センターへそれぞれ足を運んで、正式の利用計画を届け、その内容について説明し、了承を得た。放課後等デイサービス事業所においては、個別支援計画作成に向けて、担当者から相談支援専門員に、細かな点

での質疑応答があった。

● 4回目の会議（個別支援計画の作成前）

　放課後等デイサービス事業所の児童発達支援管理責任者からの要請により、会議を実施。相談支援専門員から提案があったことについては、かねてから毎日のように当事業所を利用していることに対して、カオル君のためにもっといいプランはないものかと考えていたため、本来なら3か月後に実施予定のモニタリングを前倒しすることにした。事業所の利用日が減ることにむしろ前向きで、全面的に支援利用計画に沿った内容で取り組んでいきたい意向を示し、会議の開催に至った。

　会議の参加者は、カオル君の父親と、特別支援学級の担任と、相談支援専門員、児童発達支援センターの園長、P大学のH准教授、事業所のスタッフ3名の計8名。

9 個別支援計画

個別支援計画　その1

子どもの名前　石見カオル　君　　　　　　　　作成年月日：　平成○年4月7日

○到達目標

長期（内容、期間等）	ⓑ新たに利用していく放課後こども教室や体操クラブ、アーチェリースクールでのカオル君の姿を実際に見させていただき、当事業所でのカオル君の姿と比べていきながら、カオル君がより関心が高いこと、感じていることについて話し合っていきましょう。
短期（内容、期間等）	カオル君の生活が少し変わりますが、ご家族にとって負担が増えていかないよう、そのための話し合いをしていきましょう。

○具体的な到達目標及び支援計画等

項目	具体的な到達目標	支援内容（内容・留意点等）	支援期間（頻度・時間・期間等）	サービス提供機関（提供者・担当者等）	優先順位
発達課題①	カオル君が興味をもつ内容で、室内での手伝いについて、その工程を見ながら取り組んでいきましょう。	R事業所で使っているタオルと雑巾の洗濯（手洗い）をカオル君にやってもらいます（洗濯の工程表を見てやりましょう）。特に雑巾絞りと、バケツに水を汲んで所定のところに持っていくことに重点を置いた手伝いをしてもらいます。	週2回（月・金）3か月間	曜日ごとの担当のスタッフが中心になり取り組みます。	2

項目	具体的な到達目標	支援内容（内容・留意点等）	支援期間（頻度・時間・期間等）	サービス提供機関（提供者・担当者等）	優先順位
発達課題②	カオル君が撮った写真を印刷したものを切り貼りしていく作品づくりや、パソコンの画面を通して、写真を貼り付けていく絵日記、観察日記に挑戦しましょう。	製作・作品づくりの日には、当分の間はカオル君には、写真を撮り、印刷をして切り貼りすることに誘います。	週に1回 3か月間	曜日ごとの担当のスタッフが中心になり取り組みます。また木曜日は、○○大学から毎週来てくれているJさんとパソコンはやってもらいます。	2
		前日までにカオル君が撮った画像は、何枚かパソコンに取り込んでおきます。その中からカオル君が選んだ画像に、月日とコメントを入れるよう誘っていきます。	「選択できる活動タイム」にパソコンを選んだとき 3か月間		
発達課題③	カオル君にとってわかりやすく、気持ちの切り替えがしやすい「終了の合図」について、いろいろと試していきましょう。	これまでのクッキングタイマーを使って知らせたやり方だと、かえって時間が気になって作業などに集中できなくなるところがあるカオル君でした。どのような光や音であれば、びっくりせずに済むのか、気にせずに受け止めていけるか、利用しているときの場面の転換のとき、いろいろと試してみます（まずは、電車のアナウンス、電車の警笛を中心に合図を決めていきます）。	利用する日ごと 3か月間	曜日ごとの担当のスタッフが中心になり取り組みます。○○児童発達支援事業所の鉄道大好きな○○さん	3

個別支援計画 その2

子どもの名前　石見カオル　君　　　　　　　　　　作成年月日：　平成○年4月7日

○具体的な到達目標及び支援計画等

項目	具体的な到達目標	支援内容（内容・留意点等）	支援期間（頻度・時間・期間等）	サービス提供機関（提供者・担当者等）	優先順位
家族支援	利用するところ、出かけるところが増えていきますが、新たなところにカオル君が早く慣れていくためにできることを考えましょう。	これまでのカオル君の様子から考えると、新たに出かけていくところでも喜んで過ごしていけることと思います。可能な限り早いうちに、カオル君が過ごしていくところに行き、当事業所での様子をお伝えしていき、機会をつくっていきます。	カオル君が過ごすところに、まずは1回ずつ訪問します。6か月	担当スタッフ 放課後等デイサービス・Rの児童発達支援管理責任者 放課後等デイサービス・M 放課後子ども教室 ○○新体操クラブ ○○アーチェリースクール	1
地域支援	地域の中で多くの人の中でカオル君が育っていくことを実感してもらううえでも、カオル君のことを地域の方々にお話する機会をつくります。	○○市には自立支援協議会という活動の中に子ども部会がありますが、半年に一度はカオル君のことをお話していく機会をもちます（事前にお話していく内容は石見さんと話し合っていきます）。	○月と○月の第2火曜13:30～の子ども部会のときに、カオル君のことをお話する予定です。1年	上記の機関の方には先の日程はお知らせし、その他、○○市社会福祉協議会　Mさん ○○市児童交流センター　Hさん ○○市○町公民館　Y館長 （株）子どもの広場　代表　Sさんにも呼びかけます。	4
総合的な支援方針	カオル君の興味は広がり、この1年の成長は目を見張るものがあります。新たに挑戦させていくことも含めて、カオル君のためにどんな生活を考えていったほうがよいか、いろいろな意見を集めてみたいものです。そうした中で、R事業所でできること、家庭でできること、学校でできること、その他の場でできることを、一緒に考えていきましょう。				

平成○年4月10日　利用者氏名　　　　　　石見○○　　　印

　　　　　　　　　児童発達支援管理責任者　　○○○○　　印

⑩ モニタリングの視点（本人と環境の変化に留意して）

　本事例は、両親としてはこれまで利用してきた福祉サービスの内容で十分と考えている中で、カオル君の様子から、相談支援専門員がある意味で主観的に「子どものニーズ」として、新たな選択肢を提案していった支援利用計画であった。それだけに、家族にとって負担が増していないかどうか、特に母親の就労状況とカオル君の兄にストレスがかかっていないかを丁寧に聞き取っていきたい。さらに、新たに紹介をした教育委員会主催の放課後子ども教室での状況と、その送迎に無理はなかったかどうかをしっかりと確認していきたい。

　また、地域の子どもたちのクラブである新体操クラブやアーチェリースクールでのカオル君の様子をみた後に、そこのスタッフから困っていることや不安なことがないかを聞き取り、状況に応じて直ちに対応していくよう心がけたい。もちろん、相談支援専門員の思いが先走り、ニーズを誤って解釈していないか、時間をかけて吟味していくことが重要である。

⑪ まとめ

　本事例は、元々は家庭と学校と放課後等デイサービス事業所が、ある程度は連携して、安定した生活を提供できていたケースである。誰かが現状に不満をもっていたわけではなく、変更を求める訴えが明確に出ていたわけでもない。

　相談支援専門員がこの子どもに出会って強く感じたのは、もっと地域との結びつきをもてる子どもであるということと、家族がもっている力がまだまだ発揮できていないということであった。特別な子どもだから、よく理解している人に見守ってもらうことがベターであると、両親ともにどこかで感じているのかもしれないとも感じたため、まずは他に選択肢があることを示していくことに重点を置いた。それは、カオル君が、「将来地域で生きていく力をつけていくために！」といったテーマを掲げた中での選択肢でもあり、カオル君を通して地域づくりに努めていくための第一歩とするためのものでもあった。

　また、カオル君自身はいろいろなものをつくることに関心があり、見て理解できるような工程表などがあると、より集中して取り組んでいくような力をもっていることや、電車をはじめ関心があることについては、かなり細かいことまで情報を取り入れていくことができるような力をもっている。さらに、ほかの子どものやっていることを見て、まねようとすることも多く、見本となるような刺激が多すぎると混乱してしまうタイプでもないことから、これまで以上に視覚的な支援を深める意味で、適切な交流の機会を見つけていくことは、カオル君の発達支援の視点からも重視していきたい。支援のやり方によってはかなり伸びしろのある子どもである。

12 地域づくりのポイント

　相談支援専門員としては、地域のダンススクールの先生やサッカーチームのコーチ、公民館の文化教室の先生といった方々が参加する自立支援協議会の部会活動を丁寧に行っていくことは、転勤でいなくなってしまう学校の先生との連携より、子どものためには重要になることも多いと考えているところである。

　結果的にこれまで以上に関係機関の連携が深まったが、相談支援専門員としては、スタートラインに立てただけとしか考えていない。カオル君が、将来かかわるかもしれない人たちとの結びつき、長期的に接点をもつかもしれない地域の方との出会いを、さまざまな発想と視点から展開していくことが大切である。障害をもっていても、地域に居場所があること、地域で活躍できる場所があるといった点は、多くのケースでの地域課題となる部分であり、一人ひとりのケースを通じて、自立支援協議会を中心に話し合っていきたいところである。

事例5　放課後等デイサービスの利用②

ライフステージの移行期を控え、支援チームとともに生活を構築したケース

① プロフィール（生活歴・病歴等）

氏名：三河ノゾム君（男児）
年齢：17歳
障害等：知的障害、療育手帳（重度）
家族構成：両親との3人家族。祖父母はいずれも遠方在住。

● 家族構成

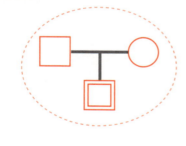

● 社会関係図

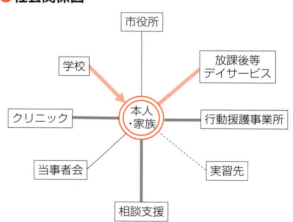

生活歴：
　市立の児童発達支援センターを卒園後、市内の小学校（特別支援学級）に入学、小学校5年生時より1回／週で放課後等デイサービスを利用。小学校6年生時に10時間／月で移動支援を利用し、社会活動参加等をしてきた。
　中学からは特別支援学校に入学し、高等部へ進学。通い慣れた環境下で安定した学校生活を過ごしていたが、進路選択のための施設実習等の時期より校内での自傷行為が顕著になり、やがて強い通学拒否（過去に一度もなし）につながって、家庭内や行動援護

利用時でも自傷行為が頻回となり、現在に至る。

通学再開に向けて学校と家族で対応していたが、拒否の激化等、対応困難な状況。学校からの紹介により相談支援事業所を利用することになった。

❷ 初回面接時の印象や感想

既に2か月以上通学できていない状況。自傷行為により頬が腫れており、表情は不安な様子。両親は疲弊感が強く、ⓐ①不穏の要因が特定できず、有効な対応策が見つからない、②通学はしていないが、家庭内や行動援護利用時にも自傷行為は激しさを増している（フラッシュバック）、③主治医が処方変更をしたが、脱力が強く心配（それでも自傷行為頻回）と話し、希望としては「早く以前のノゾムに戻ってほしい」とのこと。

本人に相談員が自己紹介をし、終了時刻（短時間に設定）を一緒に確認したうえで、好きな電車の本を見てもらいながら、同席を依頼。

本人は電車の本を見ながらも不安気な表情で、両親や相談員を気にしていることがうかがえる。信頼している父親が近くにいるので、何とか自傷せずに同席できている。両親は多少の意見の相違があり、今後は要調整の必要性を感じるが、基本的な希望は合意が得られている。本人の姿勢からキーパーソンは父親になりそうなので、その点について協力を依頼。しかし父親は仕事があるので、母親に連絡窓口をお願いし、これまでの経過を把握するために、学校等の関係機関からの情報収集について承諾を得る。

また、家族に医療情報等の追加情報の提供を依頼。これらの依頼については協力的であり、この姿勢を維持する必要性を感じた。また、状況改善には一定の時間が必要だと思われる旨の見立てについて理解を得たが、本人と両親を支えるためには支援者連携の必要性を感じた。

③ アセスメント（基本情報と課題分析）

基本情報に関する項目（大項目）	中項目	記　入　欄
１．基本情報		氏名・生年月日・連絡先等（１．プロフィールを参照）
２．生活の状況	生活歴	市内小学校の特別支援学級卒業後、市内特別支援学校の中等部、高等部へ進学。 現在、高等部３年生で来年度以降の進路選択の時期を迎えている。 施設実習後より不穏な状態になり、激しい自傷行為が表出し、通学拒否継続となる。 小学校時代より放課後等デイサービス（旧：児童デイサービスⅡ型）・移動支援等のサービス利用あり。 継続的な支援者がいる。
	家族状況	両親と本人の３人家族で同居。
	経済状況	父の収入（自営業）
	居住環境	持家（マンション）
	その他	―
３．医療の状況	病歴・障害歴	○年　療育手帳（重度）取得
	医療機関利用状況	○年　□□医療センター　小児神経科　定期受診（年２回） ○年　△△クリニック
	医療保険	―
	その他	―
４．福祉サービスの利用状況		行動援護：20時間／月（主に週末に利用していた） 放課後等デイサービス：２日／週（月・金）
５．健康状態	服薬管理	管理は家族が行い、定時に与薬（拒薬なし）
	食事管理	特になし
	障害・病気の留意点	顔面から出血するほどの激しい自傷行為が頻回。支援者の支援が必要。
	その他	―

基本情報に関する項目（大項目）	中項目	記 入 欄
6．日常生活に関する状況	ADL	衣類着脱等、概ね自立
	移動等	歩くより走ることが好き、一人で最寄駅まで電車を見に行くなど。危険回避については本人の状態による。 支援者同行時は公共交通機関の利用が可能。
	食事等	偏食少ない。ファストフード好き。概ね自立
	排泄等	概ね自立（排便時、ふき取り介助）
	得意・好きなこと等	電車が好き。自動車が好き。走ること（ランニング）が好き。ラジオ体操の手本や合唱祭の指揮者など、校内活動では目立つ行動が好き。
	その他	―
7．コミュニケーション能力		日常的な会話が可能。「ほしい」「いらない」「行く」「行かない」等の意思表示は明確。 答えづらい質問についてはエコラリアが頻回となる。 基本的には会話でのコミュニケーションが主だが、視覚的な手がかりは有効。
8．社会参加や社会生活技能の状況		以前は簡単な買い物はできた（コンビニで菓子を購入する等）が、現在は支援者が必要。
9．教育・就労に関する状況		特別支援学校高等部3年生
10．家族支援に関する状況		父は自営業で母は主婦。 主に育児は母が担ってきたが、心配性で先々に言葉が出て、指示的になりがち。本人は父への信頼が強い。
11．本人の要望・希望する暮らし		❺（フラッシュバックによる突発的な自傷行為が続いている）落ち着いて日々を過ごしたい。
12．家族の要望・希望する暮らし		自傷することなく、穏やかに明るい本人に戻ってほしい。本人のためにも進路を早期に決定させてあげたい。
13．その他の留意点		❹激しい自傷行為が頻回で、通学拒否状態であるが、要因が特定できていない。 ❹両親は大変困惑しており、学校も対応に苦慮している。 サービス提供事業所では本人の変容ぶりに支援内容の見直しを検討している。

④ 相談支援専門員の判断（見立て・支援の方向性）

本人の状態変化の要因については、両親の話やこれまでの経過をうかがったうえで、「コップの水が溢れた状態」であった。つまり、ⓐ特定の要因だけでなく複数要因が一定期間にわたり蓄積されたことによるものと推察し、関係機関からの情報入手と整理が重要だと見立てた。

そのためアセスメントは、まず両親をはじめ、学校や利用しているサービス提供事業所、施設実習を実施した事業所等からそれぞれ情報収集を行い、整理することから開始した。また、その過程において、「支援チーム」構築の必要性を個々に説明し、同意を得ながらチーム構成イメージをつくっていった。

本人については、安心感の提供等により自信回復が図れるように仮の支援方針を立て、それを具体化する方向で調整を行う必要性を感じた（本人支援）。また、疲弊感の強い両親へは「支援チーム」を紹介すること、また本人評価・期待の高さがうかがえたことから、本人の再理解を促すことを目的とした（家族支援）。

「支援チーム」構築では、連携による支援の効果が実感できるよう、相談支援専門員がサービス担当者会議以外でも情報の受発信を行いながら、支援目標の共有化と役割分担の明確化、さらに相互尊重できる雰囲気づくりが重要と考えた。

⑤ 情報の整理と追加情報が必要な根拠（ニーズ整理）

●学校での生活および教育方針等の確認
- 保護者の願い…将来の自立に向けて卒業後は工賃が得られるような場所で働く経験をさせたい（現在では認識を改めている）。

学校では、保護者の希望や本人のこれまでの安定した学校生活から、進路方針を定めて実習等を実施してきた（中等部時代からの本人の様子等について情報提供あり）。

●実習先施設での様子確認
導入時は簡易作業の提示により作業遂行能力の見極めを行ったが、全体的に理解力、集中力、持続力が低く、本人用に課題設定をする必要があった。休憩時間を長めに設定し、無理なく実習を終えるよう配慮した。実習時に激しい自傷はなかった（相談支援専門員の仮説の検証）。

●放課後等デイサービスでの様子と個別支援計画の確認
小学校時代から利用。ノゾム君は慣れており、リラックスした様子で利用してい

る。楽しみ（体操やおやつ等）と自立課題（マッチング等の簡易なもの）を提供している。また、本人と関係性のとれた職員がいること等から、自傷行為はあるものの、学校や家庭等よりは少ない。チーム支援の必要性と協力を確認する。

● **行動援護利用時の様子と個別支援計画の確認**

　移動支援のときから継続利用。スケジュール提示を行いながら、余暇支援を中心に提供している。最近の状態変化と父親の意向から、ベテラン支援者が中心に対応しているが、フラッシュバックからか、突発的な自傷行為への対応に苦慮しており、両親とも今後の支援内容について相談している。

● **家庭状況**

　父親は本人を心配して仕事を調整しつつ、かかわる時間を増やしている。本人評価が高く、現状の不調については関係者の支援力不足による悪影響というとらえ方もしていた。また、服薬調整のことなどについて複数の医師の見解を聞きたいと希望していたが、「現在は主治医の丁寧な説明があり、信頼している」とのこと。

　しかしながら、仕事もあり、負担感が増加している状況である。母親は本人に対しても父親の負担についても心配が強く、先行きに不安を感じている。

⑥ ニーズの絞り込み・焦点化

　ⓑノゾム君は課題やニーズに対する明確な言語での意思表示はないものの、安心や安定を希望していると考えられる。両親は、ノゾム君の安定を強く願っており、そのためには多少の労は厭わないという姿勢がある。ⓐこれまでは、本人評価が高く、「いずれは就労へ」との願いがあった。現状は本人対応に追われ、今後の生活イメージが描けずに、心的な切迫感が増加している。

　学校は情報提供や校内で取り組み可能なことについては、協力の姿勢を前面に出している（校長承知済）。サービス提供事業所も情報提供や共有について協力的である。いずれの関係者もノゾム君の状態が好転することを強く願っており、「支援チーム」構築の素地がある。

　ケース会議でこれまでの情報を整理しつつ、長期的目標の設定、各機関の役割分担等を行う。両親についてはノゾム君への過度な期待や評価を再考し、特性理解や状態把握に努めてもらう必要があることが明確になった。現状のままでは、本人の状態は安定せずに両親も疲弊感が増大し、悪循環に陥ることが想定される。さらに本人については、二次障害につながる危惧もある。

　焦点化すべきは本人のニーズ、また親のニーズであり、結果的に支援目標は、再登校や進路先の選択・決定よりも、本人の安心が最優先という結論に至った。

障害児支援利用計画・週間計画表

障害児支援利用計画

利用者氏名（児童氏名）	三河ノゾム　君	障害支援区分	
障害福祉サービス受給者証番号	○○○○○○○○○○	利用者負担上限額	
地域相談支援受給者証番号		通所受給者証番号	

計画作成日	○年○月○日	モニタリング期間（開始年月）	
利用者及びその家族の生活に対する意向（希望する生活）	本人：不安を少なく、自信を取り戻したい。 家族：明るく、元気なノゾム君に戻ってもらいたい。		
総合的な援助の方針	ⓐノゾム君の不安の軽減に向けて、家族と関係者による支援チー		
長期目標	ノゾム君が自信を回復し、笑顔が戻り、日々を安心して過ごせる生		
短期目標	笑って卒業式を迎えよう。		

優先順位	解決すべき課題（本人のニーズ）	支援目標	達成時期	福祉サービス等
1	不安が強く、学校へ通学したくない（本人）	卒業式に参加する。	○年○月 4か月	学校通信の継続配布 ランニング練習（学校付近 父・仲間・学校の先生
2	自分で自分の感情を抑えられない	定期的な受診を行い、状態に応じた服薬調整を行う。 家族、支援者への助言を受け、対応を統一化する。	○年○月 4か月	各サービス利用時の近況 門員が集約し、通院へ同行
3	ⓑ活動を通して自信を取り戻したい（本人）	音楽や体操等の本人が得意な活動プログラムを増やし、自信回復につなげる。	○年○月 4か月	放課後等デイサービス（10
4	自宅で不安になってしまう（本人）	自宅で安心して見通しをもって過ごせるようになる。	○年○月 4か月	放課後等デイサービス（家
5	好きな電車を見たり、歩いたりして気持ちを落ち着かせたい（本人）	気持ちの安定、運動量（活動）の確保、一定の生活リズムの構築	○年○月 4か月	行動援護（40時間／月）
6	万が一への不安の軽減（家族）	県内の短期入所施設の見学を行う。	○年○月 2か月	○○園　見学調整

	相談支援事業所名	K相談支援事業所
○○○円	計画作成担当者	○○○○
○○○○○○○○○○		
4か月	利用者同意署名欄	

ムで情報の共有を図りながら支援を進めて行く。

活様式を構築する。

種類・内容・量(頻度・時間)	課題解決のための本人の役割	評価時期	その他留意事項
の公園・校内グランド）⇒	好きなランニング練習を元気に行う。	1か月	●まずは公園から開始。 ●励ましと称賛。
（自傷頻度）を相談支援専する。	通院に出かける。	1か月	●相談支援専門員が対応できない場合は他の支援機関へ依頼する。
回／月）	楽しく過ごす。 自分の好きな音楽CDを持参する。	1か月	●各サービスの利用時の様子（主に自傷行為）について相談支援専門員がまとめ、通院時に主治医へ報告を行う。 ●通院結果や主治医助言については、支援関係者で共有し、それぞれの支援に反映させる。
庭連携・4回／月）	スケジュールで活動してみる（昼食作りに挑戦）。	1か月	
	自分の希望を伝える。 楽しく過ごす。	1か月	
	一緒に出かけてみる。	2か月	●本人の見学同行は状態により判断する。

障害児支援利用計画【週間計画表】

対象者氏名　三河ノゾム　君

		月	火	水	木
朝	6:00				
	8:00	起床・洗面・朝食 父職場へ	起床・洗面・朝食 ゴミ出し 父職場へ	起床・洗面・朝食 父職場へ	起床・洗面・朝食 ゴミ出し 父職場へ
午前	10:00	行動援護	行動援護	家庭連携	行動援護
	12:00	昼　食	昼　食		昼　食
午後	14:00	放課後等 デイサービス	自　宅 （音楽鑑賞、 読書等）	通　院 （隔週）	自　宅 （音楽鑑賞、 読書等）
	16:00				
夜間	18:00	夕　食	夕　食	ランニング練習	夕　食
	20:00	入　浴	入　浴	入　浴	入　浴
深夜	22:00	就　寝	就　寝	就　寝	就　寝
	0:00				
	2:00				
	4:00				

サービス提供によって実現する生活の全体像	現在の通学拒否による不安定な生活リズムが安定し、見通しのある生活が確保される。覚的手がかりやスケジュールの導入を行う。福祉サービスだけでなく、医療的サポートや学が増幅され、自信が回復し、意欲的になる。

金	土	日	主な日常生活上の活動
			● 月・火・木・金・土はAM行動援護の利用により、気持ちの安定を図り、運動量の確保がされ、生活リズムの安定につなげる。
起床・洗面・朝食	起床・洗面・朝食	起床・洗面・朝食	
父職場へ			● 毎週水曜日は自宅にてスケジュールの導入をすすめ、見通しをもって安心して過ごせるようにし、日曜日やサービス利用日以外の自宅での過ごし方を確立していく。
行動援護	行動援護		
昼 食		昼 食	● 放課後等デイサービスでは、これまで同様の頻度で継続利用を行う。
放課後等デイサービス	自宅または外出（買い物、散歩）	自宅または外出（買い物、散歩）	● 活動プログラムについては、音楽鑑賞や体操等、本人の好きな活動時間を増加し、安定につなげる。
			週単位以外のサービス
夕 食	夕 食	夕 食	● 隔週水曜日の午後に通院（相談支援専門員同行）。
入 浴	入 浴	入 浴	● 相談支援専門員が近況をまとめ、主治医へ報告を行う。
			● 通院結果については、支援機関へ相談支援専門員から報告を行う。
就 寝	就 寝	就 寝	
			● ランニング練習については、日曜や平日の午後も状況に応じて実施。当事者会の練習への参加も視野に入れる。

また、放課後等デイサービスをこれまで同様利用しながら、自宅でも見通しをもち、安心して過ごせるように視校等の協力を得ながら、本人支援だけでなく家族負担の軽減も図っていくことで、ノゾム君と家族の安心感

8 個別支援会議の内容等

【開催概要】

● **参加メンバー**
　本人・両親
　市のケースワーカー
　学校進路担当・教頭
　放課後等デイサービス事業所の児童発達支援管理責任者
　行動援護事業所のサービス提供責任者・相談支援専門員

● **開催場所**
　〇〇相談支援事業所

【主な議題・内容】

　はじめに、会議参加へのお礼と開催目的、会議時間の確認（予定終了時刻案内）ならびに本人同席困難になった場合の休憩スペースの案内および確認等を行った。
　次に、相談支援専門員が作成した資料に基づき、経過の確認を行う。その後、質疑等を入れて参加者で共有を図る。

● **要因特定について**
　校外実習時期と自傷行為の表出が重複していたことから、実習先での経験が要因との推測があったが、これまでの聞き取りや主治医意見を踏まえると、複数要因が蓄積されたものととらえ、本人にとっての負担感を軽減することが重要　⇒参加者同意

● **本人の状態について**
　相談支援専門員から、ノゾム君のライフヒストリーがストレングスとともに紹介されると、両親や継続的な支援者から同意や関連するエピソードが披露され、状態が変化する以前のノゾム君像を共有した。現状のノゾム君は、長期間にわたる負担等が蓄積し、疲労と不安が強い状態で、われわれ（支援チーム）が考えるよりも、自信を喪失し、混乱し、傷ついていると考え、ノゾム君が安心感をもて、自信を回復できるように支援することが重要だという共通目標の合意が図られた。
　⇒父親意見「主治医の話にもあったが、やはり知らずに本人に負担をかけてきたのだと思う」「今、一番しんどい思いをしているのはノゾム」「少しずつ、簡単な物や事から始めて、褒められる経験を増やし、自信を回復してほしい」

●本人のストレングスについて
　参加者より記載事項以外のストレングスがあげられ、ストレングスマップがより豊かなものになる（支援の拠り所）。

●支援目標設定
　ホワイトボードにマトリクス（縦軸：本人と周り、横軸：急ぐと急がない）を描き、参加者の意見を書き上げ、位置づけについて調整を図る。
　　⇒目標の優先順位が共有化された（まずはノゾム君の安定化⇒負担を少なく、自信
　　　を回復できるための支援を優先的に実施していく）

●結果（一部を抜粋）
【総合的な支援の方針】
　ノゾム君の不安定の軽減に向けて、家族と関係者による支援チームで情報の共有を図りながら支援を進めていく。

【支援チームの役割と連携について】

本人	心地よさやしんどさなどを、タイムリーに意思表示する。
両親	支援チームと目標を共有し、ノゾム君とかかわる（くじけない）。 家庭内でもスケジュールを導入する。 ランニング練習に付き添う（父）。支援者に情報を提供する（母）。
学校	学校通信を届ける。 （状況により）ランニング練習時のグランド提供 ⇒教諭が校外ランニングの練習対応について検討する（結果、卒業まで数回対応）。 通学意欲が湧いたときの迎え入れ（短時間通学の準備等） 卒業式準備（ノゾム君対応）
放課後等デイサービス	活動プログラムの見直し（音楽・体操の時間の導入　課題レベルの見直し） サービス利用時の自傷行為等の記録と報告 家庭でのスケジュール導入支援
行動援護事業所	サービス利用回数の増と支援担当者との調整 サービス利用時の自傷行為等の記録と報告 相互の支援内容・状況についての情報交換と共有
市のケースワーカー	市障害福祉課内報告。支給決定（行動援護の利用回数の増）への準備
相談支援専門員	プランニング、情報の受発信 サービス利用時の様子をまとめる（各事業所より情報提供）。 通院同行⇒同行できないときは放課後等デイサービス事業所の児童発達支援管理責任者へ依頼

9 個別支援計画

個別支援計画

利用児氏名： 三河ノゾム　君

総合的な方針	なるべく自分を傷つけたくない（本人の自信回復、家族連携・支

到達目標

長期目標（内容・期間等）	❺自信を回復し、笑顔で過ごせる時間を今より長くしたい（○○○
短期目標（内容・期間等）	予定がわかると安心。自信を回復するために褒められたい（得意

具体的な到達目標及び支援計画等

項目	具体的な到達目標	支援内容
発達支援 （環境設定）	●引き続き安心して過ごせる環境の提供。	●分かりやすいスケジュールの提示や個別の確保等、環境整備を行い、安心感の
発達支援 （活動内容）	●利用時間内に褒められる機会を増やし、自信回復につなげる。	●好きなリズム体操を導入する（得意な ●音楽鑑賞を継続する（自宅からCD持 ●状態に応じた個別課題の提供（現在は課題は平易なものとし、その設定につい
家族支援 （家庭連携）	●自宅でも安心して過ごせる時間を増やす。	●自宅内でも見通しのある中で安心して過ルの提示等について、自宅での活用を い、環境のアセスメントやスケジュールの ●ご家族と一緒に実施をし、提示方法等を
その他 （情報提供）	●適切な情報提供を行う。	●自傷の出現状況について記録し、○○告します。 ●支援状況について簡潔な状況報告書を

平成　　年　　月　　日　　利用児氏名　　　　　　　　印（　　　　　　　　　）

放課後等デイサービス○○○

援機関連携の促進を図る）

での経験が他の場面でも活かされるようにする）
なことを活用していく）

（内容・留意点）	支援期間 （頻度・期間等）	提供者・担当者等	優先 順位
対応、ノゾム君が落ち着けるスペース 提供を行います。	週2回 4か月	○○支援員	1
とを行う）。 参）。 2課題×5分程度）。 ては主治医の意見を参考にします。	週2回 4か月	○○支援員	2
ごせるよう、事業所内でのスケジュー 目的に毎週水曜日の午前中にうかが 組み立てを行います。 共有します。	月4回 4か月	○○支援員 ご両親	3
相談支援専門員を通して主治医に報 作成し、主治医に意見を求めます。	必要時 （通院前）	児童発達支援管理責任者	4

児童発達支援管理責任者　　　　　　　印

⑩ モニタリングの視点（本人と環境の変化に留意して）

　本事例では、①両親の本人理解促進と本人安定の関連性、②サービス提供事業所間の情報共有と支援の均質化との関連性、③学校や行政等の関係機関のバックアップ体制の確保、について注視していた。

　①については、主治医の丁寧な説明等により両親が信頼でき、本人の状態評価と治療方針が明確にされ、また相談支援専門員も同行するなかで、両親と共有化を図った。両親の理解が深まるにつれ、本人の苦手とするかかわり（抽象的な言語中心のかかわり）が減少し、比例して本人の安定がみられるようになった。特に印象的なエピソードとして、父親の「ノゾムはまだそんなに幼かったんだ」という発言があり、この日以降、明確に両親の本人への理解が深まっていった。

　②については、それぞれの条件や環境等の差異に着目するのではなく、支援と本人の特性について注視し、情報交換を進めるなかで共通性が認識され、サービス提供時における配慮点や支援のポイントの共有化が図られた。また、少しずつ本人が安定していく様子と両親の本人理解の促進、さらに主治医の状態評価等も支援継続の大きな糧となった。

　③については、常に情報の発信をし、学校については必要な場合に情報提供の協力を依頼し、通学できない時期が長期化することで生じやすい家族の不安感を軽減することを目的に、得られた協力は必ず家族へ伝え、バックアップとして学校の存在を明確に位置づけ続けた。行政の役割としては、担当ケースワーカーが毎回ケース会議に出席する等常に状況把握をし、支援上適切な時期に支給決定が円滑にされたことは、大きなポイントであった。

⑪ まとめ

　このように支援チームの成員がすべて機能を発揮し、役割を担い、相乗効果により支援展開が図られていくようにアプローチすることは大変重要であり、そのために丁寧なアセスメントによる状況把握と支援目標の共有化、また支援経過の蓄積による効果の確認等を行うことが重要である。

　本事例は、危機介入的な意味合いも強く、状況に応じて短期入所施設等の利用も視野に入れながら、両親に施設見学等を提案し、同行した。こうしたリスクマネジメントを考慮した動きは重要である。

　また、医療機関への通院同行を放課後等デイサービス事業所の児童発達支援管理責任者にも継続的に同席してもらうことにより、家庭内への環境設定の重要性と支援ノウハウの応用の可能性と有効性にサービス提供事業所が気づき、対応するという展開に至った。こうした新たな動きが誕生するには、定期的なモニタリングと関係機関による適時

の情報共有、特に支援チーム全体で支援することの効果を実感できるエピソードの共有が図られることが必要だと思う。

12 地域づくりのポイント

　相談支援専門員が支援チームに情報の受発信をするにあたっては、成員である関係機関や関係者の支援意欲を喚起できるように意識することが肝要だと感じた。支援チーム内の相乗効果により好循環が促進されていくようにアプローチするためには丁寧なアセスメントによる状況把握と支援目標の共有化、また支援経過の蓄積による効果の確認等を行うことが効果的であった。

　また、高等部卒業というライフステージの移行期は本人、家族にとって大変デリケートな時期であり、丁寧な対応が重要であることを再確認した。本事例ではないが、小学部より12年間通学した特別支援学校からの卒業は、本人にとっても家族にとっても初めて経験する大きな不安との戦いの日々でもある。在校年数にかかわらず「まるで梯子を外されるかのような想い」という家族の声も幾度となく聞いている。本事例は高等部3年生時で、かつ不調時に相談支援が開始されたが、平成27年度からの必要な人を対象としたサービス等利用計画策定が完全実施になることで、相談支援との出会いが早まり、継続的に相談支援が提供される効果が広がることが期待される。

事例 6　保育所等訪問支援の利用

保育所等訪問支援事業により、家族のニーズを保育に反映させたケース

① プロフィール（生活歴・病歴等）

氏名：丹波テツ君（男児）
年齢：3歳
障害等：代謝異常症による精神運動発達遅滞
家族構成：祖母、父と3人暮らし（母＝行方不明）

●家族構成　　　　　●社会関係図

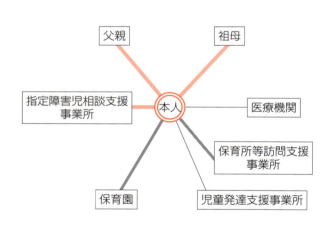

生活歴：
　O市にて出生。出産時仮死あり、国立医療センターに空きがなく、別の病院へ緊急搬送。脳内出血があった。眼振がひどかったが少しずつ落ち着いた。
　以前、右内反足にてギブス固定、小指の付け根から骨が出ている所があり、靴の中で擦れることがあった。MRI検査では脳は異常なし、以前とった脳波も異常なし、代謝

異常症による精神運動発達遅滞がある。

　本児出生後、１歳を迎える前に、母親が自宅を出て行方不明となる。父親も行方については知らない状態で、祖母と２人で仕事をしながら育児を行ってきた。父親の仕事は不定期であり、収入面も安定していない。

　相談支援事業所が支援を開始し、児童発達支援事業所の利用を開始、１年程度療育を重ね、その後、保育園通園が可能となったので、保育所等訪問支援事業を開始し支援を継続している。

❷ 初回面接時の印象や感想

　家族（父親）より、子どもに対するサービスの説明を聞きたいと電話があり、相談支援センター職員が自宅を訪問することとなる。

　母親が行方不明となり、父親が頑張って療育されている状況であった。自宅は持ち家で、掃除もきちんとされ、祖母にお願いして家事については協力されていると感じられた。また、仕事が不定期である父親も、休暇日は本人とかかわる場面を多くつくられ、大切に育児されている状況であった。

　出生時に緊急搬送されてから、状態が落ち着くまでかなりの期間を要したが、やっと最近、落ち着いて子どもと接することができるようになったと話される。本児は、黙って父親の傍に寝ている状態であったが、家庭内のみで療育を行うのは難しいとの担当医からの話もあり、何かサービスがあるのか悩んで相談したと話される。

　今後は、仕事もあるので、ⓐ保育園入園も希望したいが、自分の子どもみたいに重い障害の子を受け入れてくれるのか非常に不安であることも話された。父親との話の中で、これまで適切な療育機関とのかかわりが少なかったこと、市の健診等も仕事の都合でできていない状況であると心配されていた。

　母親が居なくなったために、その役割も一人で頑張らないといけないと気を張っていたが、制度や今後の支援等について説明すると、少し安心されたような表情をされた。

③ アセスメント（基本情報と課題分析）

基本情報に関する項目（大項目）	中項目	記入欄
１．基本情報		氏名・生年月日・連絡先等（１．プロフィールを参照）
２．生活の状況	生活歴	O市にて出生。出産時仮死あり、国立○○医療センターに空きがなく、○○病院へ緊急搬送。脳内出血があった。眼振がひどかったが少しずつ落ち着いた。 以前、右内反足にてギブス固定、小指の付け根に骨が出ている所があり、靴の中で擦れることがある。MRI検査では脳は異常なし、以前とった脳波も異常なし、代謝異常症による精神運動発達遅滞がある。 本児出生後、１歳を迎える前に、母親が自宅を出て行方不明となる。父親も行方については知らない状態で、祖母と２人で仕事をしながら育児を行ってきた。
	家族状況	父親と父方の祖母と３人暮らし
	経済状況	父親の仕事も不定期であり、収入面も安定していない。祖母の老齢年金。特別児童扶養手当
	居住環境	持ち家（一軒家）
	その他	父親は週末は休めるが、仕事が不安定で平日に休むこともある。
３．医療の状況	病歴・障害歴	出生時に脳内出血・右内反足。精神運動発達遅滞。療育手帳未所持
	医療機関利用状況	県立医療センター（経過観察の小児科診療２か月に１回）
	医療保険	健康保険（全国健康保険協会）
	その他	―
４．福祉サービスの利用状況		児童発達支援事業所、保育所等訪問支援事業所
５．健康状態	服薬管理	定時の服薬あり。家族にて管理
	食事管理	噛まずに飲み込むことが多い。偏食はないが、好きな物は急いで食べる傾向にある。
	障害・病気の留意点	転倒の危険性があるので、突発的に走る等のときは見守りが必要。 自分から話せないまま、言いたいことを我慢することが多いので、気をつけて援助することが必要。
	その他	―

基本情報に関する項目（大項目）	中項目	記入欄
6．日常生活に関する状況	ADL	着脱（＋）
	移動等	歩行（＋）。走ることは不安定、見守り必要
	食事等	偏食はないが、噛まずに飲み込むことが多い。基本的に自立しているが見守り必要
	排泄等	自立（少し前まで紙オムツ使用）
	得意・好きなこと等	車のおもちゃ
	その他	―
7．コミュニケーション能力		語数が少なく、十分に自分の意思を伝えきれない。
8．社会参加や社会生活技能の状況		特になし
9．教育・就労に関する状況		未就学。将来は就学希望
10．家族支援に関する状況		ⓐ父子家庭のため、父の育児に対する不安が強い。そのため、随時相談を受けて対応している。
11．本人の要望・希望する暮らし		ⓑ友達といっぱい遊びたい（本人）。
12．家族の要望・希望する暮らし		元気に育ってほしい（父）。 小学校は通常学級に行ってほしい（父）。
13．その他の留意点		―

④ 相談支援専門員の判断（見立て・支援の方向性）

　自宅での生活が長く、他者とのかかわりも少なかったため、言語面の遅れ、コミュニケーションの遅れ等も多少感じられたが、表情は豊かであった。

　家から出ることも大好きで、外出先では、他の子どもにかかわろうとしたりするとのことであったので、同世代との交流も求めている状態であった。

　相談支援専門員としては、児童発達支援事業の利用から開始し、ⓐ本人の発達状態の把握、発達段階に対応した支援を行う中で、保育園への通園が可能になるように療育機関と連携し保育園との調整を行う。保育園への通園開始とともに保育所等訪問支援等を活用しながら、園内での生活を安全で安心なものにできるように支援を継続するとの見立てを父親と相談を継続しながら行った。

　父親の同意を得、児童発達支援事業への週１回の通所を開始し、本人の発達状態の把握、療育支援を実施、１年後、児童発達支援事業職員の適切な情報伝達により、保育園への通園が開始された。言語面については、もう少し継続訓練が必要と判断され、保育園利用と並行して、週１回の児童発達支援事業利用を継続し、併せて保育園での生活において適切な助言が必要と考え、保育所等訪問支援事業を開始した。

⑤ 情報の整理と追加情報が必要な根拠（ニーズ整理）

　当初は、県立こども医療センターでの医療支援の内容や状況を父親の了解を得て確認し、発達支援に関する医療的な支援を把握する。父親や祖母の今後の考えについての情報収集を行い、父親が置かれている職場内の状況や、家族支援を展開するための情報を把握する。

　児童発達支援事業では、療育内容の確認を随時行い、本児の利用する保育園との受け入れ調整を随時行った。保育園の保育士も児童発達支援事業所を訪問し、療育の見学や本児との面接等を行うことで、受け入れ体制の整備と保育園内での指導について保育所等訪問支援が担う内容の情報提供を行った。

　保育園利用が開始され、保育所等訪問支援を開始する段階では、児童発達支援事業で行われてきた療育支援の内容や県立こども医療センターでの医療支援内容等について、父親の同意を得て、保育所等訪問支援事業所と共有を行った。

⑥ ニーズの絞り込み・焦点化

　子どもの支援の場合、本人がかなり短い期間で変化するため、医療的・療育的情報は常に把握し続ける必要がある。

　児童発達支援事業の利用回数を増やすことができないかとの意見も出されたが、本児の発達状況・家族の希望を整理すると、❹単に療育支援回数を増やすのではなく、保育園の通園を充実させ、不足する療育訓練部分を児童発達支援事業で実施、双方の調整と保育園内の環境整備、保育士への助言を保育所等訪問支援で対応するのが最適の方法ではないかと考えられた。

　この時点でも、父親のみの決定に偏ったり、事業所の意向が主にならないように、本児の今後の人生に一番適切である場の設定を主眼に置いた。そのため、保育園を見学・体験したときの本児の喜ぶ顔や活発に動く様子を見て、父親も保育園利用を主に他療育を受ける方向で意思が固まった。

7 障害児支援利用計画・週間計画表

障害児支援利用計画

利用者氏名（児童氏名）	丹波テツ　君	障害支援区分	
障害福祉サービス受給者証番号	○○○○○○○○○○	利用者負担上限額	
地域相談支援受給者証番号		通所受給者証番号	

計画作成日	○年○月○日	モニタリング期間（開始年月）	
利用者及びその家族の生活に対する意向（希望する生活）	言葉が少なく単語のみが多いので、話し言葉を増やしたい。身体全体の発達を伸ばしたい（転びやすいところを改善したい）。保育園での様子を見てほしい。小学校に通ってほしい。		
総合的な援助の方針	児童発達支援と保育所等訪問にて、意向に添った支援を行う。関係機関との連携を強化し、いつでも相談できる体制をつくる。		
	長期目標	小学校入学を実現する。	
	短期目標	先生やクラスに慣れて、自分からもお話できるようになる。❹保育園に休まないで通い、療育訓練もきちんと通う。	

優先順位	解決すべき課題（本人のニーズ）	支援目標	達成時期	福祉サービス等
1	❺他の友達とおもいっきり遊びたい（本人）。	近所の友達、保育園の友達とおもいっきり遊べるように環境設定をする。	○年○月（2か月後）	相談支援事業所・保育所
2	発達について適切な療育を受けたい（父）。	適切な療育機関の利用を援助する。	○年○月（3か月後）	児童発達支援
3	安定して保育園に通ってほしい（父）。	保育園に安心して通える支援を行う。	○年○月（3か月後）	保育所等訪問支援事業所
4	福祉制度等を継続的に教えてほしい（父）。	福祉制度の説明を随時行う。	○年○月（2か月後）	相談支援事業所
5	育児等困ったときは相談に応じてほしい（父）。	相談については24時間対応する。	○年○月（2か月後）	相談支援事業所・保育所随時

110

	相談支援事業者名	△△障害児相談支援事業所
○○○円	計画作成担当者	○○○○
○○○○○○○○○○		
1か月ごと（○年○月）	利用者同意署名欄	丹波○○（父）

種類・内容・量(頻度・時間)	課題解決のための本人の役割	評価時期	その他留意事項
（通所時）	いろんな遊びや活動に参加する。近所の子とも仲良く遊ぶ。自分からお話する。	○年○月（2か月後）	
（週1日）　※通所	メニューに積極的に参加する。	○年○月（1か月後）	
（月5回）	メニューに積極的に参加する。	○年○月（1か月後）	
随時	気になったことはすぐに相談する。	○年○月（2か月後）	
・児童発達支援事業所	気になったことはすぐに相談する。	○年○月（2か月後）	

障害児支援利用計画【週間計画表】

利用者氏名（児童氏名）	丹波テツ　君	障害程度区分	
障害福祉サービス受給者証番号	○○○○○○○○○○	利用者負担上限額	
地域相談支援受給者証番号		通所受給者証番号	

計画作成日	○年○月○日

	月	火	水	木
6:00				
8:00	起床・朝食	起床・朝食	起床・朝食	起床・朝食
10:00	保育所訪問支援			
12:00	保育園	保育園	保育園	療育支援センター
14:00				
16:00	帰宅	帰宅	帰宅	帰宅
18:00	室内遊び	室内遊び	室内遊び	室内遊び
	夕食	夕食	夕食	夕食
20:00	室内遊び	室内遊び	室内遊び	室内遊び
	入浴	入浴	入浴	入浴
22:00	就寝	就寝	就寝	就寝
0:00				
2:00				
4:00				

サービス提供によって実現する生活の全体像	保育園に定期的に通うことで、普通小学校入学を念頭に置き支援を行う。地域に友人をたくさんつくり、今後一生の友人関係を構築する。

		相談支援事業者名	△△障害児相談支援事業所
○○○円		計画作成担当者	○○○○
○○○○○○○○○○			

金	土	日・祝	主な日常生活上の活動
			●朝は苦手で、起こしても、なかなか起きてこない。
			●通園に関しては楽しみにしている様子で行くことに拒否感はない。予定が変わると不安そうな表情をみせる。
起床・朝食	起床・朝食	起床・朝食	
保育園	保育園	自宅で父親と遊ぶか近隣児と遊ぶ	●休みの日はなるだけ一緒に遊ぶように父親が心がけている。本児も楽しみにしている。
		昼食	●室内遊びではテレビをよく見て過ごす。
		自宅で父親と遊ぶか近隣児と遊ぶ	●入浴は父親と入るのを楽しみにしている。
			週単位以外のサービス
帰宅	帰宅		●近隣友人との関係構築
室内遊び	室内遊び	室内遊び	
夕食	夕食	夕食	
室内遊び	室内遊び	室内遊び	
入浴	入浴	入浴	
就寝	就寝	就寝	

第2章 事例6 保育所等訪問支援の利用

8 個別支援会議の内容等

【開催概要】

●**参加メンバー**
　本人・父親
　○○市保健師、○○市障害福祉課担当者
　児童発達支援事業所管理責任者
　保育所等訪問支援事業所管理責任者
　県立こども医療センター地域連携室担当者
　指定障害児相談支援事業所（相談支援専門員）

●**開催場所・時間**
　○○市総合福祉センター　会議室
　平成○年3月○日　9：00〜

【主な議題・内容】

　出生時仮死状態であり、国立医療センターに空き無く、○○病院に緊急搬送。脳内出血、眼振がひどかったが、現在は落ち着いている。
　以前、右内反足にギブス固定、小指の付け根から骨が出ており、靴の中で擦れることがあった。MRI検査では脳は異常なし、以前とった脳波も異常なし、代謝異常症による精神運動発達遅滞がある。その他、出席関係機関よりこれまでの経過の確認、現状の把握について意見交換をした。

●**会議での話し合い内容**
　現在は、座位保持可能になっているので、基本的に座位保持を行い、状況の把握を行う。言葉の遅れから、自分の意思を伝えられないで、がまんする場面があるので、本人の表情・行動でほかの友達に本人の意思を伝える場面を増やすと、意欲が高まる。難しい課題には時間がかかるので、周囲の状況をみながら調整の方法について訪問時お伝えする。
　基本的に元気で、周囲の友達と同じことをしたいという意欲は強くなっているので、その意欲を大切にしてほしい等についての説明および理解促進を行った。

●**発達アセスメントの内容**
　●身体的発達の遅れ、座位保持困難であったが、現在は座位保持可能になっている。

- 言葉の遅れが目立ち、語数も少ない。
- 難しい課題に対してなかなか実施できない。
- 基本的に元気で、やる気がある。

● **本人のストレングス**
- 人や物に対して興味関心が高い。
- 遊びや活動に対して意欲がある。
- 表出言語は少ないが伝えようとする。
- 運動面も成長してきた。
- 祖母や父親は本児に対して深い愛情がある。

● **社会資源の活用についての確認**
- 関係機関との連携良好で、全機関協力的である。
- 祖母も積極的に生活面、本児の支援に協力的である。
- 近隣住民も協力的で、近所の友達も遊びに来ている。

9 個別支援計画

平成〇〇年度 個別支援計画

氏　　名	丹波テツ　君		計画期間	〇年4月1日〜〇年9月30日	
目　　標	●ⓐ保育園における集団生活にスムーズに参加できるようになる。 ●社会性の向上（楽しく遊べるようになる） ●言葉の理解力や認知力が向上する。 ●集中力が高まり姿勢を正しく保てるようになる。その環境整備を行う。				
項　　目	支援目標		支援内容		期　　間
支援内容	●保育園にて行動観察を行い、本人への支援、担当者への助言等を行います。		●訪問し、保育士と一緒に行動観察・本人への支援・担当者への助言を随時行います。		6か月
連絡調整	●保育園の様子を保護者へお知らせし、家庭支援につなげます。		●連絡帳等を活用し連絡するか、内容によっては直接連絡します。		
連　　携	●関係機関と連携し支援調整会議を定期的に実施します。		●随時連絡調整を行います。		
遊　　び	●ⓑ友達と積極的に遊びましょう。		●随時助言		
専門職から 助　　言 アプローチ	●環境の整備について助言を行います。 ●使用する絵本等、本人のレベルに合った適切な選択と他の通園児とのバランスを考えて助言します。				
特記事項 （詳細別紙）	●緊急時の対応について、家族と連携を図る。				
作成日	〇年〇月〇日		作成者	〇〇〇〇	
説明日	〇年〇月〇日		保護者	〇〇	

訪問報告書

氏　　　名	丹波テツ　君	計画期間	○年4月1日～○年9月30日
目　　　標	体を動かしてたくさん遊びましょう。		
支援週計画	利用日：火曜日 利用時間：9時から11時 利用方法：訪問支援		

評価：（利用当初のアセスメント情報と支援課題の整理）
個別指導 ●ペグさし…いちごのペグを一つひとつさしていきます。 　　　　　　容器には興味を示し、取りかかりができました。 　　　　　　最初は上下がわかりませんでしたが、何回か繰り返すと正しくできました。ろうそくのペグは吹く練習をしました。 ●絵本………興味のある絵を出して「あった～」との声を引き出そうとしました。 　　　　　　乗り物で、「ブッブー」「ウーウー」と言葉が聞かれます。 　　　　　　同じ年代の子が喜ぶ絵本では少し難しく、興味を示さなくなるので、個別に興味のでる絵本を見せると喜んでいました。 ●絵カード…「～を食べる」「～を洗う」の絵カードでの課題は難しいようでした。 **行動観察および助言** ●あそび……園庭では他児に負けないように元気に動けていました。 　　　　　　友達に自分から「貸して」とは言えないようでした。 　　　　　　手遊びの模倣は遅れながらも一緒にしています。 ●その他……姿勢は少し落ち着かないようです。 　　　　　　「トイレに行く人」と尋ねられると、手を挙げられています。

⑩ モニタリングの視点（本人と環境の変化に留意して）

　この事例での、障害児支援利用計画は、父親の育児に対して安心できるサポート体制と現在の本児の発達の中で、保育所の利用の重要性を念頭に置く計画作成に努めた。

　モニタリングにおいては、それぞれの機関の支援状況と本児・家族の満足度のみではなく、保育園において訪問支援を行うことで、他児との関係性、保育士への支援における悩み等も出し合い、療育機関より助言を行うことも併せて行い、保育所等訪問支援事業にその内容を活かせるような助言も行った。そのため、モニタリング時には、関係機関担当者が揃って意見を言える場が重要であった。

　特に、父親の仕事が多忙な時期は、児童発達支援事業への通所が途切れがちになったり、保育園との連絡帳等への記載がなかったり、それぞれの連絡体制等についても細かく検討を行った。

　児童支援の場合、本人の全体的なアセスメントについては、家族からの聞き取りのみが中心であるため、サービス利用開始時に発見される本人のストレングスが、十分に把握されないまま計画作成を行う危険性が高く、今後の発達支援に大きく影響することが予想される。また、年齢的に短期間で大きく成長する可能性が高い時期であり、速やかな支給決定と利用開始を行わないと、発達段階に合った切り替えへの導入時期の見極めに誤差が生じることを強く感じている。

　そのため、計画後のモニタリングは短期間で頻繁に行う必要性を感じ、モニタリングを積み重ねることでその誤差を解消することに努めた。

　本事例を通じて、児童の場合、どうしても家族の要望が中心になり、場合によっては単に家族の要望を盛り込んだのみの計画に偏りがちである。本人の希望、本人の願いをまだ言葉として把握できない段階である以上、家族の要望が中心になる現象は否めないが、当初の計画では家族の要望中心であっても、モニタリングを行う中で本児がいちばん生き生きとしている場面を集めていくと、言葉にはならないが本人の希望が少しずつ形になっていくと強く感じた。

　また、福祉サービス以外の医療との連携も支援チームの一員として、モニタリング時には意見等を提出していただいたり、時間の都合が合えば参加していただく等、連携システムに位置付けられたのは、大きな成果だったといえる。

⑪ まとめ

　本事例では、当初発達段階の見極めに児童発達支援事業の利用を開始した理由は、一般の保育園に通う基盤づくりが目的であり、支給量の決定もその目的を達成するための量で決定し、保育園との連携、申し送り等も的確にできるように、当初の個別支援計画の記載内容検討を細かく行った。

保育園利用開始時、父親からは「保育園にうまくなじめるか」という不安もあり、このまま児童発達支援事業を利用し続けられればとの意向もあったが、児童発達支援事業の支援もあり、うまく保育園の見学や説明が行われ、保育所等訪問支援事業での支援内容を聞くと父親も安心し、保育園利用にスムーズにつながった。

　保育園利用が開始されると、定期的に保育所等訪問支援事業の担当者が訪問し、環境の設定や保育士との連携により個別ニーズの整理を行うことで、これまで以上に飛躍的に本児は成長したと思われる。特に、他児とのかかわりの中で、人間関係の形成、課題の解決を、子どもの世界の中で新たに獲得していく段階を保育所等訪問支援事業の担当者は強く感じている。

　また、家庭においても、今日新たに体験したことを父親に伝えようとしたり、これまでは着席もなかなかできなかったのに、長い時間の着席を自分で維持しようとしたりと、（これまでになかった）自分でやろうとする姿勢が多く見受けられるようになっている。

　地域においても、保育園に通う同年代の子と友達になれ、これからの人生での友人が増えていくことも、本児にとって大きなストレングスの芽生えにつながっている。

⑫ 地域づくりのポイント

　これまで、同じ福祉制度でも保育園、小学校等に通いだすと、いったん支援がとぎれる課題があったが、保育所等訪問支援事業を適切に活用することで、とぎれることなく支援を継続できる可能性があると思われる。

　また、療育支援は当然重要であるが、地域の中で地域の子ども達と一緒に暮らし、一緒に成長することが大切であり、地域の中に応援者をたくさんつくることが将来的に求められる。その視点を欠いて支給量をとれるから、毎日、児童発達支援事業のみのプラン作成を行うのではなく、支援サービスそれぞれの役割を常に考えて設定することが重要である。

事例7　福祉型障害児入所施設の利用

本人、家族の希望により施設から退所し、再び家庭で暮らすようになったケース

① プロフィール（生活歴・病歴等）

氏名：出雲ミコさん（女児）
年齢：15歳
障害等：知的障害（自閉傾向あり）
家族構成：父、母（父は不規則な勤務、母は統合失調症にて通院中）

●家族構成　　　　　　　　●社会関係図

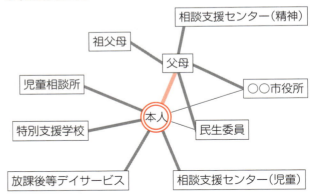

生活歴：
　市内で出生。父親が不規則な勤務であったことに加え、ギャンブル依存症の傾向があり借金を重ねていた。育児にはもともと非協力的であった。
　3歳児健診などで発達の遅れが疑われたが、療育などにはつながらなかった。母親はそのころより精神的な不調を訴えることが多くなり、統合失調症と診断され、通院を開始。
　母親はミコさんの面倒をまったくみられなくなり、また、父親はミコさんの状況を受け入れられないまま母親を責め、家に戻らない日が多くなり、両親ともに養育放棄状態

となった。5歳児健診のとき、知的障害と自閉的な傾向が疑われ、市の保健師が介入し、6歳のとき障害児入所支援施設（福祉型）へ入所となる。以降、障害児入所施設での支援を経て、施設から特別支援学校に通う。

今回、高等部進学を機に、本人、両親がともに一緒に暮らしたいという希望があり、退所に向けての支援が始まる。

② 初回面接時の印象や感想

本人については、敬語を使って挨拶ができるなど礼儀正しい子どもで、会話も十分にできるのでコミュニケーションには困らないと感じた。生活面でも自主通学ができる、買い物も一人でできる、自分の身の回りのこともできるなど、自宅で生活しながらの通学については問題ないと思った。本人も「家から学校に通いたい」と言っていたため、よいタイミングだと思った。

心配だった点は家族による支援で、過去にお金のトラブルや家庭不和、母親の精神疾患などにより入所に至った経緯があるため、同じことの繰り返しにならないか心配だった。

両親は「大丈夫です」と言っていたが、過去の経緯もあり全面的に安心はできなかったので、施設や相談支援事業所との連携を継続的に行いながら進めていく必要があると感じた。

③ アセスメント（基本情報と課題分析）

基本情報に関する項目（大項目）	中項目	記　入　欄
1．基本情報		氏名・生年月日・連絡先等（1．プロフィールを参照）
2．生活の状況	生活歴	6歳時より入所施設利用以降15歳まで施設にて生活する。
	家族状況	父親、母親
	経済状況	父親就労中、特別児童手当受給、借金は返済。
	居住環境	借家一軒家
	その他	―
3．医療の状況	病歴・障害歴	特になし
	医療機関利用状況	特になし
	医療保険	社会保険、父親扶養
	その他	―
4．福祉サービスの利用状況		
5．健康状態	服薬管理	特になし
	食事管理	入所中のため特になし
	障害・病気の留意点	まれにパニック状態になるが、全体的に落ち着いている。
	その他	―
6．日常生活に関する状況	ADL	入浴は最終的な確認は必要だが、その他はおおむね自立できている。
	移動等	慣れた場所であれば可能、電車などの利用も可能。
	食事等	若干偏食気味のところもあるが、特に支援は必要ない。
	排泄等	おおむね自立
	得意・好きなこと等	ゲームが好きでゲームセンターなどに行くことが好き。絵をかいたり、音楽を聴いたりすることが好き。
	その他	―

7. コミュニケーション能力	難しいことでなければコミュニケーションは可能。漢字は苦手。計算もあまり得意ではない。
8. 社会参加や社会生活技能の状況	施設での行事、学校での行事やイベントなどには楽しく参加ができている。
9. 教育・就労に関する状況	現在、特別支援学校中等部在籍中。
10. 家族支援に関する状況	父親のギャンブル依存は落ち着いている。母親への精神的な支援が必要と考えられる。
11. 本人の要望・希望する暮らし	ⓑ家に帰りたい、親と一緒に暮らしたい。お友達と楽しく過ごしたい。
12. 家族の要望・希望する暮らし	ⓐ本人同様、生活が落ち着いてきたので一緒に暮らしたい。
13. その他の留意点	これまで実家への帰省はほとんどなかったため、定期的な帰省や長期間一緒に過ごすことで、本人、家族の様子を注意深くみていく必要がある。現在、母方の祖父母が協力的である。近くに住む本人の幼少時をよく知る人が、今は民生委員として活動している。

④ 相談支援専門員の判断（見立て・支援の方向性）

再び家族が一緒に暮らしたいとの意向があるため、入所施設から夏休み後の進路相談時に一緒に参加してほしい旨の連絡があり、本人、家族の情報提供がなされた。10月に入り第1回個別支援会議（両親、本人、障害福祉相談所、入所施設、相談支援センター…精神、児童の2か所）を行った。

本人は自分の身の回りのことがおおむねできることもあり、学校の準備もプリントなどを渡しておくとできる状態であった。また、入所施設から特別支援学校まではスクールバスで毎日通うことができている状況であった。

家庭については、母親は定期的な通院と精神の相談支援センターの関与により比較的落ち着いた状態が続いており、父親も精神の相談支援センターのアドバイスなどもあり、ギャンブル依存的な部分はなくなり、借金についても完済していたため、経済的な不安が今のところ解消していた。しかし、これまでの経緯もあり、入所施設、児童相談

所、行政などと継続して支援と見守り、確認の必要性を感じた。

ただ長年の入所施設の支援にて、本人の状況や父親の養育態度の変化などの家庭環境双方が落ち着いてきたことと本人の強い希望もあり、家庭へ戻る方向へ支援していくこととした。

定期的な外泊から少しずつ家庭で過ごす時間を増やしていくところから、本人、家族の課題も含めて経過をみていく。一緒に暮らすことで、母親の精神的な部分のサポート体制の確認も必要かと思われる。

⑤ 情報の整理と追加情報が必要な根拠（ニーズ整理）

●本人について

6歳から障害児入所施設でトレーニングを受けていたこともあり、理解力は高く、日常的な生活については介助なしでも可能であった。ADLはおおむね自立しており、生活能力についても掃除や洗濯もおおむね一人でできるようになっていた。入浴については若干雑なこともあり、時折支援が必要とのこと。

コミュニケーションも言葉で十分でき、意思表示も十分にできる。また、人によって言葉遣いが分けられるなど、能力的なものもかなり高い様子がうかがえる。情緒的にも安定していることが多いが、体調や他の利用者からの行動によってパニック状態になることもあり、手を出したりすることが年に1回程度ある。しかし、行事にも積極的な参加がみられ、交通機関などの利用も体験を通して可能となっている。

学校生活も同様で特に大きなトラブルはなく、明るい様子で学校生活を送っており、クラスのリーダー的な存在でもあった。通学はスクールバスを利用して問題なくできている。交通機関の利用の経験もあり、問題はなさそうである。学校の友人関係ではとても気の合う友達がいるようで、何をするにも一緒にいたり、おしゃべりをしたりとよい関係を築いているようだ。

幼少時より入所施設を利用しているため、家庭や家族に対して憧れのようなものが強く（幼少時には家族の面会もほとんどなかったため）、学校の行事などのときには寂しそうだったり、時には大声で泣き出し暴れてしまうようなこともたびたびあったが、小学部高学年になったときにはそういったこともなくなってきたとのこと。

中学部に入ったころより、母親も落ち着いてきており、年に数回であるが面会に来るようになり、本人はうれしそうにして面会を待っていたとのこと。1年ほど前から父親も一緒に定期的に面会に来るようになり、学校の行事などにも一緒に来るようになって、本人はとても喜んでいたとの話であった。そういったこともあり、今回❺本人の言葉で家に戻りたいとの意思表示があったと思われる。

●**家族について**

　父親は輸送関係の仕事で家を空けることが多く、もともと育児にはあまり積極的ではなかった。ミコさんがなかなかなつかなかったり、パニックを起こしたりすることもあり、そのことについて母親とのトラブルが続き、夫婦関係も悪くなっていた。そのうち家庭にはあまり戻らなくなり、家庭にお金を渡さないことがあったり、ギャンブルに通い詰め、借金を重ねてしまっていた。

　母親はそのころより統合失調症を発症、ミコさんを養育できる状況ではなくなってしまい、一時期入院となる。退院後は母方の祖父母の支援もあって何とか生活を送っていたが、祖父母にも介護が必要な家族がいたため、実際的な支援と経済的な支援も難しい状態となってしまい、入所ということとなった。

　その状況はしばらく続いたが、祖父母の勧めもあり母親には保健師、精神関係の相談支援などが少しずつかかわるようになったことから生活状態が落ち着くようになってきた。また、両親の夫婦関係も祖父母や精神の相談員、保健師が間に入ることによって徐々に好転し、再び夫婦にて生活を送るようになってはいたが、借金は抱えたままであった。

　昨年ようやく借金を返済し、福祉関係者のアドバイスなどで娘の状況などが理解できるようになったこともあり、夫婦で面会へ行くようになっている。ⓐ生活全般が落ち着いてきていることから、両親からも一緒に暮らしたいとの要望が出てきたものと思われる。本人のことを幼少時よりよく知っている人が民生委員として活動している。

⑥ ニーズの絞り込み・焦点化

　現状から、両親と本人が長期間一緒に暮らしていないこともあり、双方がストレスを抱えてしまい、再び家庭生活が乱れることも考えられる。また、父親がギャンブルにのめりこんでしまう可能性もあり、注意が必要。

　父親が不規則な仕事で家を空けることも多くあり、特に母親と本人の関係によるストレスが心配される。あわせて父親が長期不在のときなどに、母親の状況が悪くなったりした場合の支援も必要と考えられる。精神関係の相談支援に対して母親の信頼は厚く、母親の支援と本人の支援の両方が必要であり、連携が必要である。

　学校生活は今のところ特に問題ないが、状況把握については担任と綿密に連携を図ることが必要だと考えられる。気の合う友人が土曜日のデイサービスを利用していることもあり、余暇支援の一環でも活用できるのではないか。母方の祖父母は、家族の重要なキーパーソンとなると考えられる。

7 障害児支援利用計画・週間計画表

障害児支援利用計画

利用者氏名（児童氏名）	出雲ミコ　さん	障害支援区分	
障害福祉サービス受給者証番号	○○○○○○○○○○	利用者負担上限額	
地域相談支援受給者証番号		通所受給者証番号	

計画作成日	○年○月○日	モニタリング期間（開始年月）	
利用者及び その家族の生活に対する意向 （希望する生活）	週末や長期休暇中に、年の近いお友達と活動できる場所がほし 家族が不在のときや調子の悪いときに一時的に預かってもらえる体		
総合的な援助の方針	ⓐ退園後、家族との生活を中心に行い、長期休暇中や緊急時に		
長期目標	長期休暇中の日中に活動できる場として利用しよう。		
短期目標	事業所と契約を行い、利用に慣れていこう。		

優先順位	解決すべき課題 （本人のニーズ）	支援目標	達成時期	福祉サービス等
1	ⓑ家族とずっと一緒に暮らしたい（本人のニーズ）。	家族と仲良く暮らしていこう。	6か月	児童相談支援専門員　○ 特別支援学校　学年主任
2	緊急時に子どもを預かってもらえる体制をつくっておきたい（親のニーズ）。	両親の病気や入院、体調不良など、家族の緊急時に本児を預かってもらえる体制をつくっておこう。	3か月	短期入所　4日／月（緊事業所名：△△入所施設 担当者：○○ 事業所名：□□短期入所 担当者：○○
3	週末や長期休暇中に友達と活動できる場所がほしい（本人・親のニーズ）。	週末や長期休暇中の日中の活動の場として利用し、スタッフや利用している子ども達になじんでいこう。	6か月	放課後等デイサービス　9用） 事業所名：■■放課後等 担当者：○○

	相談支援事業者名	△△相談支援センター
○○○円	計画作成担当者	○○○○
○○○○○○○○○○		
1月ごと（平成○年○月～○月） 6月ごと（平成○年○月）	利用者同意署名欄	○○○○　　　　　　　　　印

い。
制をつくっておきたい。

福祉サービスを利用し、家族と一緒に暮らす生活を続けよう。

種類・内容・量(頻度・時間)	課題解決のための 本人の役割	評価時期	その他留意事項
○相談支援センター相談員 随時	困ったことや我慢できないことがあったときには○○先生や○○さんに話をする。	1か月	父親、祖父母、民生委員、精神の相談支援専門員とも連携をとる。
急時） 事業所	緊急時以外にも利用し利用に慣れておこう。	1か月	施設以外にも市内で利用できる事業所と契約しておこう（送迎可能）。
日／月（毎週土曜日＋長期 デイサービス事業所	長期休暇中以外にも利用し、事業所やスタッフ、他の子ども達になじんでおこう。	3か月	送迎可能

障害児支援利用計画【週間計画表】

利用者氏名（児童氏名）	出雲ミコ　さん		障害支援区分	
障害福祉サービス受給者証番号	○○○○○○○○○○		利用者負担上限額	
地域相談支援受給者証番号			通所受給者証番号	

計画開始年月	○年○月○日

	月	火	水	木
6:00				
	起床・朝食・準備	起床・朝食・準備	起床・朝食・準備	起床・朝食・準備
8:00	通学（自主）	通学（自主）	通学（自主）	通学（自主）
10:00				
12:00	養護学校 （高等部）	養護学校 （高等部）	養護学校 （高等部）	養護学校 （高等部）
14:00				
16:00	通学（自主）	通学（自主）	通学（自主）	通学（自主）
18:00	自宅で過ごす （夕食・入浴等）	自宅で過ごす （夕食・入浴等）	自宅で過ごす （夕食・入浴等）	自宅で過ごす （夕食・入浴等）
20:00				
22:00	就　寝	就　寝	就　寝	就　寝
0:00				
2:00				
4:00				

サービス提供によって実現する生活の全体像	3月に入所施設を退所し、両親と暮らしながら4月から自宅より徒歩と電車を使い養護学校　週末や長期休暇中の活動の場、両親どちらかの入院など緊急時の見守りを目的にサービス施設から在宅へ生活の場を移し、本児が家族と仲良く暮らし、学校に通いながら週末や長

	相談支援事業者名	△△相談支援センター
○○○円	計画作成担当者	○○○○
○○○○○○○○○○		

金	土	日・祝	主な日常生活上の活動
			自主通学の状況 〈行き〉 自宅7:45発→（徒歩5分）→K駅7:55発→JR→8:15着→（徒歩5分）→養護学校8:20到着 〈帰り〉 自宅16:00到着←（徒歩5分）←K駅15:55着←JR←15:35発←（徒歩5分）←養護学校15:25発
起床・朝食・準備	起床・朝食・準備	起床・朝食・準備	
通学（自主）			
養護学校 （高等部）	放課後等デイサービス（5回）＋長期休暇中は＋4日＝9日／月	家族で過ごす	
通学（自主）			**週単位以外のサービス**
自宅で過ごす （夕食・入浴等）	自宅で過ごす （夕食・入浴等）	自宅で過ごす （夕食・入浴等）	短期入所…家族のどちらかが入院したときなど緊急時に利用予定
就　寝	就　寝	就　寝	
		短期入所（緊急用）…2回（4日／月）	

高等部に通学予定の女児。
の利用を希望している。
期休暇にはデイサービスや短期入所などの支援が受けられ、安定して家族同居が継続できる。

8 個別支援会議の内容等

【開催概要】

●**参加メンバー**　1回目（10月）
　本人、両親
　障害児入所支援施設（福祉型）の管理者、サービス管理責任者
　児童相談所
　相談支援事業所（精神・児童）

【主な議題・内容】

　祖父母や福祉の関係者などに支えられて、ようやく生活を立て直すことができたことや、借金については一区切りがつき生活も何とか安定してきたこと、この1年ほど面会を定期的に続けてきて、本人も家で一緒に生活がしたいという希望をもっているため、高校進学を機に本人を家に連れて帰りたいことを両親から話された。

　とりわけ父親は、これまで娘の状況がよくわからないでいたが、面会を続けることで入所施設の職員から生活のことなどを聞くようになり、自分の子どもとしてかわいく思えるようになったことや家族はやはり一緒に暮らしたほうがいいと強く感じるようになったことを話された。ただ、今まで一緒に生活をしていない部分はとても不安であることや、母親の状態もよいときや悪いときもあり、また家庭内が不安定にならないかが一番の心配事だということも話された。

　入所施設、児童相談所からは過去にギャンブル依存もあったことから、父親が再びギャンブルに手を出さないかという心配があり、そのことについての確認がされたが、父親はギャンブル依存のセルフヘルプグループを妻の精神の相談員から紹介され通っていたことや、今はまったくギャンブルをしたいと思わないことなどを話している。

　精神の相談支援についてもこれまでの経緯や生活の立て直しができており、今の状態であれば本人を家庭に戻しても大丈夫との話であった。また、引き続き母親への支援は継続するので、児童の相談員とも情報共有することが確認された。

　借金も払い終えていることや今の生活は安定していることもあり、自宅へ戻るという方向で話を進めることを一同で確認した。随時面会などをお願いし、両親の気持ちについて入所施設のサービス管理責任者やスタッフが聞くことにした。そのうえで、まずは父親の休みもある正月の3日間で様子をみてから、問題がなければ週末帰省などを実施して、それぞれ不安に思うことなどを次回の個別支援会議で出し合うこととした。

　相談支援もその会議に入って、家に帰ってからの生活を想定しながら本人、家族が必要とする支援について一緒に考えるということで確認をした。

【開催概要】

●**参加メンバー**　2回目（2月）
　本人、両親
　障害児入所支援施設（福祉型）の管理者、サービス管理責任者
　市役所
　特別支援学校学年主任
　児童相談所
　相談支援事業所（精神・児童）
　（市役所、特別支援学校には前回の個別支援の経過、その後の経過について報告を行っている）

【主な議題・内容】

　正月帰省については特に問題なく過ごせていたということや、その後も金曜日夕方に帰省し日曜日の夜に戻ってくるということを続けているが、父親が不在のときでも特に問題はないことが確認されている。今後は月曜日の通学や準備などについても含めて、うまく進められるかを実際に行っていくことにしているとのこと。本人も実家への帰省を楽しみにしており、表情も明るいことを入所施設職員から報告された。

　学校でも特に変わりはなく、家に帰っていることをうれしそうに話してくれているとのことだった。また、本人の力であれば自宅から電車を利用しての通学は十分可能であるということと、同じ駅から同様に通っている本人もよく知っている生徒もおり、大丈夫ではないかと話されている。総合しておおむね生活がうまくいっているということもあり、4月から家族と一緒に生活していくという方向で確認をしている。

　父親から祖父母の力も借りながらできる限りのことはするが、本人、母親の状態がよくないときに助けてほしいということや、夏休みなどの長期休暇のときにも本人と母親が二人だけで長時間過ごすことに不安がある点を話され、その不安に対してのサービス調整を実施することを伝えている。また、どうしても家庭の状況がよくないまま推移する場合は、再入所ということも視野に入れておくことの確認を行った。

　役割分担として児童相談所、精神相談支援が親の支援や連絡調整、市役所、児童相談員が本人のサービス利用調整を行うこととなった。役割分担をするが、個別支援会議の参加者は状況変化があった場合には、速やかに情報を共有することで確認を行った。

9 個別支援計画

出雲ミコ 様　**個別支援計画**　　　○年○月○日〜○年○月○日
児童発達支援管理責任者　○○○○　印

支援方針 （長期）	❺家族と一緒に暮らします。
支援方針 （短期）	週末に家に帰って過ごしてみます。

具体的な目標	支援内容（本人の役割等も含む）	支援期間	頻度・担当者 確認の頻度含
お正月に家に帰り過ごしてみましょう。 お正月の後は週末家に帰って過ごしましょう。	お正月に家に帰ってみましょう。 お正月の後は毎週金曜日の夕方から日曜日の夕方まで家に帰ります。2月からは金曜日の夕方から家に帰り、月曜日の朝学校に行きます。 困ったことがあったら担当の○○さんや支援センターの○○さんに話をします。	3か月	担当スタッフ○○ 家から施設に戻ったとき 支援センター○○ 面会に来たとき
家から学校に通えるように電車を使って練習しましょう。 デイサービスを見に行きましょう。	スタッフと一緒に家の近くの駅から学校の近くの駅まで電車に乗ってみましょう。少し慣れたら一人で乗ってみましょう。一人でできるようになったら、月曜日の朝、電車に乗って家から学校に行ってみましょう。	1か月 1月　一緒に電車に乗ります。 2月　月曜日の朝、家から学校まで一人で通います。	担当スタッフ○○ 支援センター○○ 毎週日曜日
入浴できちんと髪が洗えるようになります。	きれいに髪が洗えるようにお風呂のときにお手伝いしますので、洗い方をおぼえてください。もう少しでできるようになります。	3か月	お風呂に入るとき お風呂に入るスタッフ
総合的な支援方針	家で親と一緒に生活するために週末家に帰ります。そのため電車に乗る練習をして学校に行きます。 困ったことがあったときにスタッフや相談の人に話をします。		

説明日　　年　　月　　日　　この支援計画に同意します。　　　　　　　　　　印

⑩ モニタリングの視点（本人と環境の変化に留意して）

　生活が大きく変わることになるため、また、新規のサービス利用もあるため、各機関での生活の見守りと情報の共有が必要と感じられる。

　家庭の状況、特に本人の状況は、学校、デイサービスの様子を児童の相談支援専門員が情報収集と把握を行い、母親の状況は精神の相談支援専門員が中心になって話を聞きながら、両方の相談支援専門員で調整することが必要だと思われる。父親はおそらく大丈夫かと思われるが、児童相談所や母方の祖父母、民生委員などとも連絡し合いながら家族全体の様子を確認し合うことも必要だと思われる。

　また、この事例では精神疾患のある母親にもともとかかわりのある相談支援専門員と、本人の支援を担当する児童の相談支援専門員を分けて配置することができた。もちろんそれぞれの専門分野ということもあったが、家族全体を支援するときに児童の支援は親の意向が強く反映されることが多く、同じ相談支援専門員であれば、どうしても親の意向に押され気味になるところを、両方の支援でそれぞれ調整することやそれぞれの支援を継続することができた。

⑪ まとめ

　この事例については、退所の意思表示が本人、両親からあった時点で入所施設とかかわることができ、本人の状況を詳細に掌握できた。また、本人と面接する機会を多くもつことができ、本人の希望を聞きながら関係を深め、仲のよい友達と同じデイサービスを使う調整ができた（母親は家の近くにあるサービスを使いたいと言っていた）と同時に、家に帰って困ったときは相談支援専門員の存在もあるという関係性を構築できたことはよかったと思われる。

　計画作成における個別支援会議を通じて、関係機関との協力体制があったことや事前にかかわっていた相談支援専門員がいたことで、父親や祖父母にもその存在の意味が理解しやすかったこともあり、ある程度の信頼関係が築けたと思われる。また、各支援機関が共通の目的（本人が自宅に戻り、生活をはじめる）を明確に確認し、それに向けてそれぞれが協力体制を整え、役割を明確にしていきながらも協働していく体制がとれたことは、切れ目のない支援の継続により家庭生活への移行につながったと考えられる。

　本人も家族も環境が変わり、まったく不安がないわけではないが、何かあったときにも相談ができ、定期的に話を聞いてくれる人がいることは非常に重要なのではないかと考える。

⑫ 地域づくりのポイント

　障害児入所支援（福祉型）は家庭の事情により入所されている人がほとんどであるが、さまざまな支援により家庭の力を回復させることも可能であることから、本人、家族の意向に寄り添いながらも多職種で状況の把握、確認が必要となってくる。

　入所施設のサービス管理責任者が、家庭の状況を知るために他の機関との連携を図り、家庭に戻る方針が出たときに、本人のために地域のサービス調整をしてくれる相談支援専門員といち早くつながることは、環境が変わっても切れ目のない支援ができることを多くの機関に知ってもらえるよい機会だったと考える。また、多くの機関がかかわることで、小さな変化にも素早く気づけることも重要である。

　今後は、入所施設やデイサービス等のフォーマルなサービスと家族や民生委員など、インフォーマルなサービスなど支援のつながりを多くの支援者に知ってもらうことで、それぞれの機関が孤立せずにネットワークを構築することができ、支援者のスキルも向上していくことが考えられる。

第2章 事例7 福祉型障害児入所施設の利用

事例8 医療型障害児入所施設の利用

医療的配慮が必要となり入所となったが、家族との関係を大事にしたいケース

① プロフィール（生活歴・病歴等）

氏名：上野ヒロ君（男児）
年齢：8歳
障害等：頭部外傷による遷延性意識障害
家族構成：父、母、妹3人（6歳、2歳、1歳）。父方祖父母は同市内在住。母方祖父母は他界。

●家族構成

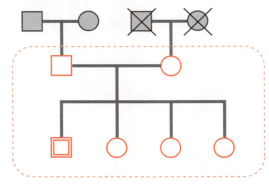

●社会関係図

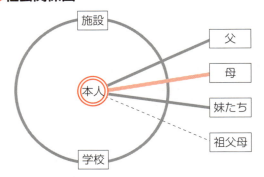

生活歴：

　市内で出生。3歳のとき、父親と近所を外出中に交通事故に遭う。事故直後、救急搬送された病院に1年半入院。人工呼吸器は外れたが、気管切開、経管栄養、意思疎通困難、随意的な手足等の動きはほぼみられない状態で退院、在宅療養となる。入院していた病院の紹介で、市内の医療型障害児入所施設（以下、施設）へ主治医を移し、短期入所や体調悪化時の入院等での利用を開始。

　体調は安定せず入院が長引くようになるが、退院時に家族からの明確な拒否が示されることはなかった。一方、第3子、第4子の妊娠、出産があり、本人の体調が回復して

もなかなか帰宅できないこともあった。入院中に就学年齢となるが、同時期に再び人工呼吸器使用となり、当面、在宅に戻ることは困難とのことで、そのまま長期入所となり、施設に併設する特別支援学校に在籍となる。

父親は仕事が忙しく、母親は妹たちの育児に追われている状況で、面会は遠のく傾向である。本人は人工呼吸器を装着し、健康面も次第に安定しはじめ、教育のかかわりもあり、情緒面の成長がみられてきている。

今後の本人の生活について関係者が協議、共有する必要性から、相談支援事業所につなげる。

② 初回面接時の印象や感想

常時医療ケアが必要な本人の状態に配慮し、本人との面接は、入所している施設の居室（ベッドサイド）にて、母親同席の下、実施。その後、施設内面談室にて、母親のみと面接実施。

本人は目を開け覚醒しているようだが、相談員が声をかけても変化はみられない。不意な物音に、全身を緊張させる様子があり、周囲からの何らかの刺激を受け取っている様子は感じられる。母親は、本人の様子を見たり、身の回りを整えたりしているが、あまり本人に話しかける様子はない。

母親との面接では、こちらからの質問には答えるが、母親からの発言は少ない。施設での生活については、「なるべく痛い思い、苦しい思いはさせたくない。今は落ち着いてきてよかった。（施設のスタッフや学校の先生に）かわいがってもらっていると思う」と話された。他の家族については、下の子たちがそれぞれ手がかかり、毎日バタバタしていると。夫（本人の父親）は、建設現場の仕事で朝は早く、疲れて帰ってくる。家のことは母親一人でやっているが、仕方ないと。家事、育児に追われる生活に、特に不満を口にするわけではなく、淡淡とこなしているようである。本人に対しては、「本人なりに成長してくれれば」と、愛情がないわけではないようだが、積極的にこうしてあげたい、というような希望は聞かれなかった。

③ アセスメント（基本情報と課題分析）

基本情報に関する項目（大項目）	中項目	記　入　欄
1．基本情報		氏名・生年月日・連絡先等（1．プロフィールを参照）
2．生活の状況	生活歴	3歳のときの交通事故で受傷、退院→在宅→入退院繰り返しを経て、7歳で長期入所に。
	家族状況	父、母、妹3人
	経済状況	父の収入（建設現場職人）のみ
	居住環境	賃貸マンション
	その他	―
3．医療の状況	病歴・障害歴	3歳時の交通事故により、頭部外傷による遷延性意識障害。身体障害者手帳〇種〇級。療育手帳（重度）
	医療機関利用状況	医療型障害児入所施設
	医療保険	健康保険
	その他	―
4．福祉サービスの利用状況		―
5．健康状態	服薬管理	抗痙攣剤、緊張緩和剤、去痰剤、緩下剤等常用
	食事管理	経管栄養
	障害・病気の留意点	人工呼吸器使用。定時的な姿勢変換が必要。関節拘縮等により介助時要注意
	その他	―

基本情報に関する項目（大項目）	中項目	記　入　欄
6. 日常生活に関する状況	ADL	全介助
	移動等	全介助
	食事等	経管栄養（鼻腔チューブより注入）
	排泄等	全介助
	得意・好きなこと等	大きな声での声かけや、他の子どもたちとのにぎやかな雰囲気、妹たちが周りで騒がしくするのは、嫌いでないよう、表情緩む。屋外への散歩等は、はじめは緊張していたが、いろいろな刺激を感じ、味わっている様子である。
	その他	―
7. コミュニケーション能力		声をかけられると眼球が動く。いやなときは顔をしかめ、涙を流して泣く。心地よいときは、頬が緩み穏やかな顔になる。
8. 社会参加や社会生活技能の状況		施設に併設の学校での授業。施設、学校の行事での外出活動
9. 教育・就労に関する状況		施設に併設する学校にて、週5日授業を受ける。
10. 家族支援に関する状況		母の両親はすでに他界。父方祖父母は市内に在住で、関係は悪くないが、日常的な手伝いを頼む関係ではない。本人が救急搬送された病院の看護師が近所に住む同世代で、個人的に親しくなり、母にとっては唯一心を開ける存在のよう。
11. 本人の要望・希望する暮らし		❺（明確にはわからないが）友達や妹など、にぎやかな雰囲気の中で心地よく過ごしたい。初めて経験することは緊張するが、いろいろな体験をして世界を広げたい。
12. 家族の要望・希望する暮らし		❹なるべく身体的につらくなく過ごしてほしい。本人なりに成長してくれたらいい。
13. その他の留意点		―

④ 相談支援専門員の判断（見立て・支援の方向性）

本人は、家族と離れ施設で生活し、教育を受けるという環境の中、健康面の十分な配慮を受け身体状況も安定してきて、本人なりに一つひとつ体験を重ね、感じ取る世界や表現の仕方も広がり、確実に成長しているようである。

一方、母親からは本音を聞くことは難しく、本人を中心に関係性を丁寧に構築していく必要があると感じられた。母親は、乳幼児期に障害を負った本人に対し、何を期待し、どう接したらいいのか、いまだわからない状況なのではないだろうか。まずは、ⓐ重い障害があっても、本人なりに成長していくことを母親が実感し、周囲の人と共に、母親がそれを心から喜べることが重要であろう。

そのためには、施設、学校等関係者が、支援の方向性を共有するとともに、母親を主に父親や妹にも、施設や学校での本人の様子ができるだけ細かく、そしてタイムリーに伝わり、家族にとって本人が家族の一員と感じられるような取り組みが必要であろう。

⑤ 情報の整理と追加情報が必要な根拠（ニーズ整理）

●入所時の施設の方針
「人工呼吸器を使用する他、必要な医療ケアを受けながら、体調安定をめざす。家族が本人と疎遠にならないようはたらきかける」

【担当医師および看護師からの情報】
- 呼吸状態の安定を図るため、今後も人工呼吸器の使用を続けることになる。呼吸器を使用しはじめたことで、確実に体調は安定してきている。同じような状態で在宅生活をしている人もおり、在宅に戻れない状態ではない。
- 入退院を繰り返している時期、新たな医療ケアが必要になっても、母親が医療ケアを怖がったり、拒否するようなことはなかった。しかし、実際の自宅でのケアや本人の状態の把握に関しては十分とはいえず、「どうしても手元においておきたい」という希望は感じられなかった。

●学校での生活および個別の教育支援計画
【個別の教育支援計画】
ⓑ「五感を活用して感じとれるような、いろいろな刺激を味わおう。自分の気持ちを表現しよう」

【教員からの情報】
- 医療機器の取り扱いを含め、まずは本人が安心・安全に教育を受けられる環境を整えることに細心の注意が必要である。
- 本人には、表情の変化がみられるが、施設で生活しているため、家族への情報提供が十分とはいえない。年に数回の家族参観への出席は、2回に1回程度である。

● 追加情報

　近所に住む、母親が心を開ける存在の友人（本人が救急搬送された病院の看護師）からの情報では、母親は、本人がどんな状態になろうとも親として居てやらなければ、と思っている。しかし、家事、育児に追われ、同じように重度の障害がある子どもを持つ親とのつきあいもなく、本人のような重度の障害のある子どもが、これからどうなっていくのかわからないようだ。

　事故に遭わせてしまった責任も感じているようで、両親は本人に期待してはいけないと考えているようだ。

⑥ ニーズの絞り込み・焦点化

　これまでは、本人の身体状況が安定せず、受傷→退院→入退院の繰り返し→長期入所と、家族はその状況を受け止めることで精一杯であったと推察できる。それは、本人にかかわる各機関（病院、施設、学校）も同様で、健康面の安定を第一に本人にかかわり、家族との話題も健康面に重点が置かれてきたものと思われる。

　ⓐ本人の身体状況が安定してきたこれからは、本人なりの成長、本人なりの人生をどう見守るのか、家族関係の再構築を図る必要があると考える。それが本人にとっても、より豊かな毎日へつながると考える。

7 障害児支援利用計画・週間計画表

障害児支援利用計画

利用者氏名（児童氏名）	上野ヒロ　君	障害支援区分	
障害福祉サービス受給者証番号	○○○○○○○○○○	利用者負担上限額	
地域相談支援受給者証番号		通所受給者証番号	

計画作成日	○年○月○日	モニタリング期間（開始年月）	
利用者及びその家族の生活に対する意向（希望する生活）	身体的につらくなく、なるべく安定した健康状態でいてほしい		
総合的な援助の方針	安定した心身の状態で、周囲のさまざまな刺激を感じとり、本人な		
長期目標	ⓐ本人の表現を家族にもたくさん見てもらう。施設や学校の中で家		
短期目標	いろいろな体験をし、感じたことを表現できるようになる。施設や学		

優先順位	解決すべき課題（本人のニーズ）	支援目標	達成時期	福祉サービス等
1	人工呼吸器の使用他、濃厚な医療ケアが必要なため、年齢相応の体験が難しい（本人）。	年齢相応の体験をする。	6か月	医療型障害児入所施設　学校教育（週5日）
2	ⓑ感じていること、気持ちをうまく表現できない（本人）。	快・不快を周りの人に伝える。	6か月	同上
3	本人の将来の見通しをもちたい（母）。	本人の変化・成長を家族が実感できるようにする。	6か月	同上
4	同上	母が本人の健康状態を把握し、医療ケアについて理解する。	6か月	同上
5	家族で一緒に過ごしたい（母）。	家族で過ごせる時間をつくる。	6か月	同上
6	体調の安定がすべてに影響する（本人・家族）。	健康を保つ。	6か月	同上

	相談支援事業者名	△△相談支援センター
○○○円	計画作成担当者	○○○○
○○○○○○○○○○		

平成○年○月	か月ごと	利用者同意署名欄	印

（母）。本人なりに成長してほしい（母）。

りの表情、表現の出現を促す。それを家族と共有する。

族と過ごせる時間をもつ。

校での様子を定期的に家族に伝える機会をもつ。

種類・内容・量（頻度・時間）	課題解決のための本人の役割	評価時期	その他留意事項
（入所）		3か月	
		3か月	
	施設、学校からの本人の情報を細かく聞く（母）。	3か月	家族会への参加を勧める。
	本人の健康状態や医療機器について聞く機会をもつ（母）。	3か月	
	施設、学校行事その他、面会の機会を大事にする（家族）。	3か月	
		3か月	

第2章 事例8 医療型障害児入所施設の利用

障害児支援利用計画【週間計画表】

利用者氏名（児童氏名）	上野ヒロ　君	障害支援区分	
障害福祉サービス受給者証番号	○○○○○○○○○○	利用者負担上限額	
地域相談支援受給者証番号		通所受給者証番号	

計画開始年月	○年○月○日

	月	火	水	木
6:00				
	注　入	注　入	注　入	注　入
	起床・身支度	起床・身支度	起床・身支度	起床・身支度
8:00				
	注　入	注　入	注　入	注　入
10:00	学　校	学　校	学　校	学　校
12:00				
	注　入	注　入	注　入	注　入
14:00				
	入　浴		入　浴	
	注　入	注　入	注　入	注　入
16:00				
18:00				
	注　入	注　入	注　入	注　入
20:00				
22:00	就　寝	就　寝	就　寝	就　寝
0:00				
2:00				
4:00				

サービス提供によって実現する生活の全体像	学校教育と施設でのかかわりにより、さまざまな体験をするとともに、その中での本人の表た、家族との時間をもつことで、本人と家族の間にも同様の循環が生まれ、家族のきずな

		相談支援事業者名	△△相談支援センター
○○○円		計画作成担当者	○○○○
○○○○○○○○○○			

金	土	日・祝	主な日常生活上の活動
			●月〜金は、併設の学校にて授業を受ける。
注　入	注　入	注　入	●月、水、金曜の午後、入浴
起床・身支度	起床・身支度	起床・身支度	●土曜は、施設のデイルームで過ごす。
			●日曜は、家族の面会があることがある。
注　入	注　入	注　入	
学　校	デイルームにて テレビ・散歩等	面　会	
注　入	注　入	注　入	**週単位以外のサービス**
			●施設、学校とも、本人が家族と過ごせる機会を積極的につくる。
入　浴			
注　入	注　入	注　入	
注　入	注　入	注　入	
就　寝	就　寝	就　寝	

現を周囲が受けとめ、受けとめられたことで本人の表現がより明確になっていくような循環が生まれ得る。まが強まる。

8 個別支援会議の内容等

【開催概要】

●参加メンバー
　本人、家族
　医療型障害児入所施設のサービス管理責任者、生活支援員
　医師、看護師、教員

●開催場所・時間
　入所施設内会議室　1時間程度

【主な議題・内容】

　本人にかかわるさまざまな職種の人が集まる個別支援会議は、家族にとって家族のかかわりを評価される場、あるいは今後の見通しを一方的に言い渡される場という印象があったようだ。参加者はそういった点に留意し、まずは、このチームメンバーが家族と本人を支える、頼れる人たちであると感じてもらうことを重視した。主に医師、看護師による健康面の見立てでは、現状を押さえつつも、日常身近にかかわっている支援員や教員が感じていることも発言し、障害があってもその子どもなりに成長・発達できる年代にある本人の可能性を共有できる内容となるよう留意した。

　特に、看護師や支援員、教員が、本人の細かな変化をどんなときに発見し、どうかかわったか等、かかわる側の驚きや喜びも含めた、いきいきとしたエピソードを伝えたことで、家族は、子どもが愛情をもって接してもらっていること、家族以外の人とも関係をつくることができていることを実感されたようだった。こういったことが、家族の孤立感をやわらげ、悩みや迷いを含め、本音を吐露できる信頼関係の構築につながるのではないか、と感じられる機会となった。

●発達アセスメントの内容
- 現在の健康面については、引き続き濃厚な医療的配慮は欠かせないが、身体的に安定してきており、さまざまな体験をしていくことができる状態である。また、本人がそれを味わい、世界を広げていける可能性がある。
- 周囲の状況を感じて本人がみせる表情も少しずつ豊かになってきており、家族（特に妹たち）と過ごすときは、ゆったりした（うれしそうな）表情がみられる。これからさらにいろいろなことを感じ、そのときの気持ちを伝えられるようになるのではないか。

- **本人のストレングス**
  - 受傷後、遷延性意識障害の診断を受けるが、身体状況が安定してきたことで、本人なりに周囲の状況を感じとり、快・不快の表現もみられるようになった。
  - 家族は、障害を受けた本人の受けとめに戸惑っているようではあるが、決して拒否をしているわけではない。
  - 本人を含め、家族全体が若く、将来の可能性がある（本人の成長や家族関係の再構築）。

- **社会資源の活用等について**
  - 学校の行事や家族参観の機会を活用し、家族に本人の普段の様子を見てもらうとともに、一緒に過ごす時間をなるべく多くとるようにする。
  - 家族が、施設に面会に来られた際は、家族室等を活用し、家族だけで過ごせるようにする。医療機器の移動や操作については、施設の看護師や支援員が協力し、サポートすることで、家族だけで安心して過ごしてもらう。

⑨ 個別支援計画

個別支援計画 （医療型障害児入所施設）

利用者名	上野ヒロ　君

本人（家族）の希望	身体的につらくなく、なるべく安定した状態でいてほしい（母）。本人なり

長期目標	本人の表現を家族にもたくさん見てもらう。施設の中で家族だけで過ごせ
短期目標	❺いろいろな体験をし、感じたことを表現できるようになる。施設での様子

○支援計画内容

ニーズ	支援目標	支援内容
年齢相応の体験をすることが難しい。感じていること、気持ちをうまく表現できない（本人）。	●毎日、学校の授業を受けられるよう生活リズムを整え、準備する。 ●学校のない日はデイルームで過ごし、施設行事にも積極的に参加する。	●学校を最優先に、経管栄組む。 ●デイルームで過ごしたり、好みや関心のあるものを探
将来の見通しをもちたい。家族で一緒に過ごしたい（母）。	●本人の変化、成長を家族が実感できるようにする。 ●家族と過ごせる時間をつくる。	●学校の参観日と施設の面は担当者と家族の面談の伝える。 ●家族の面会日は、家族室医療機器の移動等を手伝
体調の安定がすべてに影響する（本人・家族）。	●健康を保つ	●学校の教員と適切な情報を把握し、体調悪化時に

	作成日	○年○月○日

に成長してほしい（母）。

る時間をもつ。
を定期的に家族に伝える機会をもつ。

（内容・留意点等）	支援期間 （頻度・時間・期間等）	サービス提供機関 （提供者・担当者等）	優先順位
養や入浴等のスケジュールを 行事に参加する中、本人の していく。	6か月	支援スタッフ 看護師 教員	
談日の日程を合わせ、月1回 機会をつくり、本人の様子を で家族だけで過ごせるよう、 う。	6か月	支援スタッフ 看護師 教員	
交換をし、日々の健康状態 は素早く対応する。	6か月	医師・看護師 支援スタッフ 教員	

⑩ モニタリングの視点（本人と環境の変化に留意して）

　本事例のような濃厚な医療的配慮を要する子どもの場合、健康状態の確認、共有に時間を要してしまったり、健康状態が悪く計画が実行できなかった場合、「致し方なし」としてしまいがちである。健康状態の見立てが違っていたのであれば、そこからの修正が必要であり、めざすべき目標に向かって、健康状態の如何にかかわらず支援が実施されるようなモニタリングとすべきである。

　本人の変化が非常にみえにくい場合、モニタリングが表面的なものになりやすい。計画が実行されたかどうかだけでなく、かかわるそれぞれの人がもつ本人の印象がどう変化したのか、感覚的なことであっても、それを共有していくことが重要である。

　また、家族からの主訴がみえにくく、家族と本人の関係そのものが目標となるような場合、家族の心情に配慮しつつ、家族が前向きに本人と向き合えるよう、家族に対する支持的な立場をとることが重要である。

⑪ まとめ

　本事例のように、濃厚な医療的配慮を要すとともに、本人の気持ち、希望が明確には読み取れない子どもの場合、健康の維持管理が第一義となりがちである。しかし、どんなに障害が重度であっても、その人なりに周囲の何らかを感じとっている。客観化、数量化はされにくいが、かかわる人がどう受け取っているかを十分に出し合い、本人が望んでいるであろうことをまとめ、言語化していくことが必要である。

　また、本人の支援を考え、実施するうえで、医師・看護師を含む多職種がかかわる場合、医療がイニシアチブをとってしまうことなく、形式的でない連携を図れるチームワークづくりが重要となる。

　児童の支援利用計画では、家族状況や本人と家族の関係が大きなポイントとなる。本事例のように、一見、家族が拒否的であるようにみえる場合であっても、関係するさまざまな人からの情報を得ながら、家族の本音、心情に迫っていくこと、相談員自身が家族との関係を構築していけるよう、丁寧なかかわりに努めることが必要である。

　そして、本事例のような、入所支援を利用する子どもの場合、支援する側は、本人が家族との生活に戻る将来像も、あきらめずに見据えておきたい。ただし、親としての義務感というより、本人なりの成長を身近で見守りたい、家族の一員として、できる限りともに過ごしたい、という気持ちの醸成を期待して家族に寄り添い、来たるべきときにそっと背中を押せる、そんな関係を築いていきたい。

⑫ 地域づくりのポイント

　本事例では、医療型障害児入所施設に入所中という、地域とのかかわりが極めて希薄になる傾向の事例を取り上げた。しかし、だからこそ、かかわる各機関、職種がチームをつくり、見立てや支援の方向性の確認、共有を繰り返していくことが、望ましい支援に向かうカギとなるといえる。

　医療型障害児入所施設に入所するヒロ君に対しても、「障害児支援利用計画」が策定されることになった意義は大きい。これまで、施設内で完結してきてしまったことを、地域の課題とし、本人、家族を地域で支えていこうとする方向に転換させていくことが重要である。

編著者一覧

編　　集　　日本相談支援専門員協会

編 著 者　　光真坊浩史
　　　　　　　（江東区こども発達センター「塩浜CoCo」・園長）

　　　　　　　菊本圭一
　　　　　　　（日本相談支援専門員協会代表、鶴ヶ島市社会福祉協議会・事務局次長）

　　　　　　　吉田展章
　　　　　　　（日本相談支援専門員協会事務局長、藤沢市地域生活支援センターおあしす・所長）

著　　者（五十音順）

　　　　　　　小川　陽
　　　　　　　（社会福祉法人唐池学園　カビーナ貴志園・施設長）

　　　　　　　金丸博一
　　　　　　　（社会福祉法人柏学園　柏学園相談支援事業所・相談支援専門員）

　　　　　　　岸　良至
　　　　　　　（一般社団法人わ・Wa・わ　理事長、作業療法士）

　　　　　　　田中慎治
　　　　　　　（社会福祉法人希望の家　善通寺希望の家・施設長）

　　　　　　　田畑寿明
　　　　　　　（社会福祉法人宮崎県障害児・者そうだんサポートセンターはまゆう・コーディネーター）

　　　　　　　名里晴美
　　　　　　　（社会福祉法人訪問の家・理事長）

　　　　　　　橋詰　正
　　　　　　　（日本相談支援専門員協会副代表、上小圏域障害者総合支援センター・所長）

　　　　　　　山下浩司
　　　　　　　（大村市社会福祉協議会・事務局次長）

障害のある子の支援計画作成事例集
発達を支える障害児支援利用計画と個別支援計画

2016年2月20日　初　版　発　行
2023年9月10日　初版第8刷発行

編　集　　特定非営利活動法人　日本相談支援専門員協会
発行者　　荘村明彦
発行所　　中央法規出版株式会社
　　　　　〒110-0016　東京都台東区台東3-29-1　中央法規ビル
　　　　　Tel 03-6387-3196
　　　　　https://www.chuohoki.co.jp/

装幀・本文デザイン　　KIS
印刷・製本　　　　　　長野印刷商工株式会社

定価はカバーに表示してあります。
ISBN978-4-8058-5292-7

本書のコピー、スキャン、デジタル化等の無断複製は、著作権法上での例外を除き禁じられています。また、本書を代行業者等の第三者に依頼してコピー、スキャン、デジタル化することは、たとえ個人や家庭内での利用であっても著作権法違反です。
落丁本・乱丁本はお取替えいたします。
本書の内容に関するご質問については、下記URLから「お問い合わせフォーム」にご入力いただきますようお願いいたします。
https://www.chuohoki.co.jp/contact/